Schriften der EBS Law School

herausgegeben von
der EBS Universität für Wirtschaft und Recht

Band 6

Sebastian Graf von Kielmansegg (Hrsg.)

Die EEG-Reform – Bilanz, Konzeptionen, Perspektiven

Wiesbadener Energierechtstag –
3. HEUSSEN-Energierechtsgespräch

 Nomos

Die Deutsche Nationalbibliothek verzeichnet diese Publikation in
der Deutschen Nationalbibliografie; detaillierte bibliografische
Daten sind im Internet über http://dnb.d-nb.de abrufbar.

ISBN 978-3-8487-1676-0 (Print)
ISBN 978-3-8452-5731-0 (ePDF)

1. Auflage 2015
© Nomos Verlagsgesellschaft, Baden-Baden 2015. Printed in Germany. Alle Rechte, auch die des Nachdrucks von Auszügen, der fotomechanischen Wiedergabe und der Übersetzung, vorbehalten. Gedruckt auf alterungsbeständigem Papier.

Vorwort

Das Gesetz für den Vorrang Erneuerbarer Energien – oder, wie es nunmehr heißt: das Gesetz für den Ausbau Erneuerbarer Energien – ist seit seinem erstmaligen Erlass im Jahr 2000 die Geschichte einer dichten Abfolge von Reformen. Es ist, so gesehen, stets mehr Prozess als Zustand gewesen, durchaus zum Leidwesen der Rechtsanwender. Die Novellierung von 2014 hat diese Serie fortgesetzt und reagierte damit auf einen erheblichen Veränderungsdruck, der sich trotz aller gesetzgeberischen Aktivitäten aufgestaut hatte. Die stark wachsenden Förderkosten, die Verwerfungen mit den Anforderungen konventioneller Energieerzeugung und der Netzstabilität, die Auswirkungen des Atomausstieges von 2011, die beihilfenrechtliche Offensive der Europäischen Kommission – diese und andere Faktoren haben die deutsche Politik unter Zugzwang gesetzt, um die Markt- und Systemintegration der erneuerbaren Energien voranzutreiben und zumindest mittelfristig neue Förderkonzeptionen zu entwickeln.

Das EEG 2014 hat vor diesem Hintergrund nicht nur eine vollständige redaktionelle Neufassung des Gesetzes gebracht, sondern auch inhaltlich wesentliche Veränderungen. Angesichts der zu bewältigenden Interessen- und Zielkonflikte, aber auch des schwierigen Spannungsverhältnisses zwischen notwendigem Wandel und rechtsstaatlicher Kontinuität, wirft es zahlreiche wichtige Rechtsfragen für die Praxis auf. Es lag deshalb nahe, den Wiesbadener Energierechtstag 2014, ausgerichtet vom HEUSSEN-Stiftungslehrstuhl für das Recht der erneuerbaren Energien an der EBS Law School in Zusammenarbeit mit der Kanzlei HEUSSEN, diesem Gegenstand zu widmen. Dass die Tagung am 27. Juni und damit zeitgleich mit der entscheidenden zweiten und dritten Lesung der Novelle im Bundestag stattfand, gab ihr nicht nur eine besondere Aktualität – sie teilte auch das Schicksal der Parlamentarier, dass der endgültige Gesetzestext, den es zu beraten galt, erst im allerletzten Moment vorlag. Der enorme Zeitdruck im Gesetzgebungsprozess ist denn auch nicht spurlos an dem Gesetz vorübergegangen.

Der vorliegende Band präsentiert die Beiträge der Tagung, in denen Vertreter aus Wissenschaft und Praxis die zentralen Reformvorhaben und ihre rechtlichen Auswirkungen analysieren. Dabei ist zum Teil die Vortragsform beibehalten worden. Fünf der Beiträge beschäftigen sich unmittelbar mit der Novellierung selbst. *Hanna Schumacher* gibt aus der Perspektive des federführenden Bundeswirtschaftsministeriums einen Überblick über Hintergründe, Ziele und

Vorwort

die wesentlichen Inhalte der EEG-Novelle. *Ulrich Ehricke* und *Fabian Schmitz-Grethlein* untersuchen zwei der zentralen konzeptionellen Neuerungen: die Stärkung der Direktvermarktung als zukünftig primärem Fördermechanismus (§§ 34 ff. EEG 2014) und die avisierte, in § 55 EEG 2014 mit einem Pilotprojekt für Freiflächenanlagen vorbereitete Systemumstellung von der festen Einspeisevergütung zu einem Ausschreibungsmodell. Neben diese Querschnittsfragen treten energieträgerspezifische Fragestellungen. *Kay Dahlke* nimmt aus Investorenperspektive die Neuerungen im Bereich der Windkraftförderung in den Blick, die unter den spartenspezifischen Veränderungen im EEG 2014 besonders herausragen. *André Turiaux* untersucht die Auswirkungen der Novelle auf die Förderung von Photovoltaikanlagen, genauer: die Ausdehnung der Umlagepflicht auf die bislang privilegierten Eigen- und Direktversorger und ihre Auswirkungen auf das für Investoren praktisch bedeutsame Anlagenpachtmodell. Im zweiten Teil des Bandes schließlich befassen sich *Marc Bungenberg* und *Matthias Motzkus* mit dem europarechtlichen Hintergrund, der eine der wesentlichen Triebfedern der Reform bildet, nämlich den beihilfenrechtlichen Rahmenbedingungen für die Ausgestaltung der EEG-Umlage und der Privilegierung stromintensiver Unternehmen.

Neben den Referenten und Autoren gilt mein Dank meinem Wiesbadener Lehrstuhlteam, allen voran Frau *Ria Stephan* und Frau *Jana Schmidt*, bei denen die Tagungsorganisation in umsichtigen Händen war, sowie Frau *Julia Herdy* und Herrn *Kevin Jonas*, die die Betreuung des Tagungsbandes übernommen haben. Der Kanzlei HEUSSEN, namentlich *Dr. André Turiaux* und *Dr. Jan Dittmann,* danke ich für die vertrauensvolle Zusammenarbeit bei der Ausrichtung dieser Tagung und darüber hinaus.

Kiel, im November 2014 *Sebastian Graf Kielmansegg*

Inhaltsverzeichnis

Teil 1: Die EEG-Novelle 2014   9

Hanna Schuhmacher
Die EEG-Novelle aus der Perspektive der Bundespolitik   11

Ulrich Ehricke
Die Regelung der Direktvermarktung im EEG 2014   23

Fabian Schmitz-Grethlein
Das Ausschreibungsmodell als Mittel zur Markt- und
Systemintegration erneuerbarer Energien – Anforderungen an die
Auktionierungsverordnung   47

Kay Dahlke
Neuerungen im Bereich der Windenergie   59

André Turiaux
PV-Geschäftsmodelle nach der EEG-Novelle: Auswirkungen der
Neuregelungen auf Eigenstromerzeugung und Anlagenpachtmodelle   71

Teil 2: Europarechtliche Rahmenbedingungen   79

Marc Bungenberg, Matthias Motzkus
Das EEG-2012-Modell und die Privilegierung stromintensiver
Unternehmen aus dem Blickwinkel des EU-Beihilfenrechts   81

Autorenverzeichnis   139

Teil 1:
Die EEG-Novelle 2014

Die EEG-Novelle aus der Perspektive der Bundespolitik

Hanna Schumacher

Ich komme immer gerne, um zu berichten, was im Ministerium entstanden, in der politischen Debatte gereift ist und sich verändert hat. Für das Bundeswirtschaftsministerium ist es wichtig, mit der Fachöffentlichkeit zu diskutieren und zu erfahren, mit welchen Problemen und Fragen sich die Praxis oder Wissenschaft beschäftigen.

Wir haben wirklich ein weites Themenfeld: In meinem Vortrag habe ich Ihnen die Grundsätze der EEG-Novelle zusammengestellt. Auf diese werde ich den Focus legen, obwohl ich weiß, dass es im Umfeld eine ganze Reihe von spannenden Fragen gibt, wie zum Beispiel zum Beihilfeverfahren. Ich beginne mit einer kleinen Einleitung darüber, was eigentlich der Ausgangspunkt der Novelle war, um dann die tatsächlichen Änderungen im Gesetz vorzustellen.

1. Ausgangslage der EEG-Novelle

Es gibt im Kern drei wichtige Ausgangspunkte für die Novelle, wobei ich zunächst auf die Ziele des Energiekonzepts eingehe. Die Bundesregierung will die Energieversorgung insgesamt umstellen von einer Energieversorgung, die heute zu 87 % auf fossilen Energien (insbesondere Kohle, Gas und Atom) basiert, auf eine Energieversorgung, die im Wesentlichen durch erneuerbare Energien geprägt ist. Wir haben heute ein Maß erreicht von etwa 12 % im Energieverbrauch insgesamt und rund 25 % im Stromsektor. Das ist letztlich der Weg, den wir auf dem Weg zu einer Energieversorgung aus erneuerbaren Energien bisher gegangen sind. Wenn wir uns überlegen, wo wir hinwollen, dann liegt unser Ziel in der Treibhausgassenkung von 80-95 % bis 2050. Wir haben als weiteres Ziel den schrittweisen Ausstieg aus der Kernenergie bis 2022 und als Unterziel die Steigerung der erneuerbaren Energien am Bruttoendenergieverbrauch auf 60 % im Jahr 2050 und am Bruttostromverbrauch auf 80 % im Jahr 2050. Das ist quasi der Zielekanon der Energiewende und ich glaube, dass das aus heutiger Sicht anspruchsvolle Ziele sind, die wir uns gesetzt haben, und dass man das auch an der gesamten Debatte der Energiepolitik und auch an den vielen Maßnahmen erkennt, die wir in dem Bereich ergriffen haben und ergreifen. Da ist einiges von Nöten, um diese Ziele tatsächlich zu erreichen.

Wenn man sich jetzt ansieht, wie sich die Stromerzeugung aus erneuerbaren Energien in den vergangenen Jahren entwickelt hat, dann sieht man zunächst ein relativ stetiges Anwachsen und im Grunde eine Entwicklung, die sich immer gut auf dem Zielpfad oder sogar leicht darüber befindet. Dieses Wachstum ist stetig angereizt worden durch Veränderungen in der Gesetzgebung, z.B. gab es 2009 eine Novelle, die zwei Jahre später zu einem ganz erheblichen Ausbau führte. Auch nach der Novelle im Jahr 2004 kam es zeitverzögert einige Jahre später zu einem relativ starken Zubau. Wenn neue Anreize gesetzt werden, wirkt sich das wegen der Planungsvorläufe erst eine ganze Weile später aus. Auch drei Jahre nach der Novelle 2009 hat der Zubau ab dem Jahr 2011 sehr stark und überproportional zugenommen.

Der zweite wichtige Hintergrund sind die Kosten der Stromversorgung. Wichtiger Auslöser ist die beeindruckende Entwicklung im Bereich der Photovoltaik, denn dort haben wir letztlich einerseits extrem stark gesunkene Kosten für die Bereitstellung der Energien. Im Jahr 2006 haben wir mit Vergütungssätzen von 40-50 ct/kWh angefangen und sind jetzt in einem Bereich von ca. 9-13 ct/kWh, je nachdem wie groß die Anlage ist. Die Vergütungssätze sind seit 2006 also schrittweise in erheblichem Maße gefallen, zeitgleich sind die Strompreise andererseits gestiegen. Letztlich ist der Schnittpunkt der Vergütungssätze sowohl mit den Haushaltsstrompreisen als auch in einem Bereich mit den Industriestrompreisen schon erreicht. Natürlich variieren die Industriestrompreise sehr stark, denn das sind hier immer Mittelwerte. Die Industriestrompreise hängen vom tatsächlichen Lastenprofil und der Menge des Verbrauchs ab und können deshalb stark variieren. Aber man sieht, dass gerade im Bereich der Eigenversorgung Photovoltaik in vielen Segmenten eine Wettbewerbsfähigkeit erreicht hat in diesen letzten Jahren.

Das ist letztlich ein eindrucksvolles Beispiel für eine Kostenentwicklung, die natürlich für keine Technologie so ausgefallen ist wie bei Photovoltaik. Wir sehen insgesamt, dass die Stromerzeugungskosten für Neuanalagen bei Wind und Photovoltaik auf einem ähnlichen Niveau sind wie bei konventionellen Großkraftwerken, teilweise sogar darunter. Freiflächenstrom ist also günstiger als Strom aus neuen konventionellen Kraftwerken. Wir sehen auch, dass die Kostenbelastung für die Förderung der erneuerbaren Energien trotzdem sehr hoch ist. Hintergrund dafür sind letztlich die Kosten für die teuren Bestandsanlagen, die letztlich das Ergebnis der hohen, industriepolitisch und auch aus Technologieförderungsgründen gewollten Förderung in der Vergangenheit bilden. Daraus ergibt sich eine sehr hohe Bestandslast, die wir jetzt über rund 20 Jahre abtragen und die relativ hohe Basis- und Grundkosten, die man nicht mehr ändern kann, mit sich bringen. Demgegenüber stehen sinkende Börsenstrompreise, d.h. das Verhältnis zwischen den Kosten für die Förderung und den eigentlichen Stromkosten verschlechtert sich dadurch noch zusätzlich, dass die Börsenstrompreise sinken. Das wiederum erhöht dann auch wieder die EEG-Umlage, wozu ich jetzt allerdings nicht ins Detail gehe.

Wichtig für die politischen Diskussion ist, dass die Strompreise seit Jahren steigen – getrieben durch den Ausbau der erneuerbaren Energien und andere staatlich induzierte Bestandteile der Stromkosten, z.B. die KWK-Umlage, die Netzentgeltbefreiung für stromintensive Industrien. Es gibt eine ganze Reihe von Kosten im Strompreis, die letztlich in der einen oder anderen Weise vom Staat verursacht sind. Und die so versursachte Kostendynamik bei den Strompreisen steht im Gegensatz zu den sinkenden Börsenstrompreisen.

Ein wichtiges politisches Ziel ist daher die Stabilisierung dieser Strompreise. Darüber hat sich in der Diskussion der vergangenen anderthalb Jahre ein politischer Konsens herausgeschält.

Den dritten wichtigen Punkt, der die Debatte angestoßen hat, stellen das Beihilfeverfahren der Europäischen Kommission und die europarechtlichen Vorgaben in den Umwelt- und Energiebeihilfeleitlinien dar, die jetzt in der Gesetzesumsetzung natürlich sinnvoll ausgestaltet werden müssen. Der wichtigste oder ein wichtiger Teil des Kompromisses sind die verbindlichen Ausbaukorridore, die damit verbundene größere Verlässlichkeit für das restliche Energieversorgungssystem und die damit letztlich ebenfalls verbundene Mengensteuerung. Obwohl diese Aspekte im Moment etwas in den Hintergrund geraten sind, standen sie am Anfang der Novelle und waren dann relativ bald Konsens.

Ein weiteres Ziel ist die Steigerung der Kosteneffizienz und die damit einhergehende Marktintegration des Stroms, die sich letztlich aus dem Wunsch ergeben, dass man die Entwicklung der Strompreise bremsen will. Da der erneuerbare Strom einen immer größeren Anteil ausmacht, muss man sich überlegen, wie er in unsere Strommärkte besser hineinpasst. Schließlich haben wir die Wegbereitung für die Ausschreibung, die oft auch unter den Titel Marktintegration gepackt wird. Ehrlich gesagt glaube ich, die politische Motivation hinter der Ausschreibung weniger die Marktintegration ist, weil eine Ausschreibung tatsächlich keine Integration in die bestehenden Strommärkte bewirkt. Vielmehr stellt sich tatsächlich einerseits die Frage, wie man effizient die Kosten bestimmen kann, die für die Förderung anfallen, und andererseits, wie wir von dieser administrativen Preisfestsetzung wegkommen. Letztere hat erstens einen großen administrativen Aufwand erfordert und war zweitens auch unheimlich anfällig für Lobbyeinflüsse. Das sind eigentlich die beiden zentralen Punkte, die hinter den Ausschreibungen stecken und nicht so sehr die Überschrift "Marktintegration". Tatsächlich sind Ausschreibungen zwar ein Instrument, bei dem der Markt die Preisfestsetzung vornimmt, aber sie sind dennoch kein Markt im eigentlichen Sinne, sondern letztlich auch ein reguliertes Instrument, genauso wie Einspeisevergütung oder Quoten.

Ebenfalls ein ganz zentrales Element ist die breite Kostenverteilung durch die Belastung der Eigenversorgung mit der EEG-Umlage, die letztlich auch dem Gedanken geschuldet ist, dass der Kostenanstieg für die übrigen Verbraucher gebremst werden soll und eine Neugestaltung bei der besonderen Ausgleichsregelung erfolgen soll.

2. Zubauziele und Steuerung des Zubaus

Jetzt kommen wir zu dem, was die Umsetzung dieser Ziele oder Eckpunkte letztlich ist: der Ausbaukorridor insgesamt. Wir gehen aus von einem Niveau von 24,8 % und versuchen im Jahr 2025 in einem Korridor von – bis dahin – 40-45 % zu bleiben. Auf dem Weg dorthin ist ein Korridor angestrebt, in dem wir uns bewegen wollen für den Ausbau der erneuerbaren Energien, der linear ist und ausgehend von derzeit ca. 25 % diesen Korridor aufspannt. Das ist dann hinunterzubrechen auf die einzelnen Technologien. Wir wollen für Wind Offshore bis 2020 6,5 GW zubauen und bis 2030 dann 15 GW installierte Leistung; für Wind Onshore sind es 2,5 GW netto pro Jahr; im Bereich Photovoltaik sind es 2,5 GW pro Jahr brutto und in Biomasse sind es bis zu 100 MW pro Jahr. Im Bereich Wasserkraft und Gase gehen wir davon aus, dass es keinen Nettozubau mehr gibt, sondern letztlich die Neubauten im Kern die alten Anlagen, die außer Betrieb gehen, ersetzen. Deswegen tauchen diese Bereiche bei der Zubausteuerung nicht mehr auf.

Die Netto-Brutto-Debatte ist relativ intensiv geführt worden. Zunächst muss man verstehen, dass hier anders als im Steuerrecht Netto mehr ist als Brutto, weil man nämlich die zurückgebaute Leistung addiert und nicht abzieht. Sonst würde sich der Anteil der installierten Leistung dadurch reduzieren, dass Anlagen außer Betrieb gehen. Wenn man will, dass sich die installierte Leistung insgesamt um den Betrag erhöht, dann ist das Netto und wenn man nur will, dass der Ausbau ein bestimmtes Maß hat, dann ist das Brutto. Wir glauben, dass in den nächsten Jahren die Unterschiede eigentlich in allen Bereichen relativ gering sind. Im Bereich Offshore gehen wir nicht davon aus, dass überhaupt Anlagen außer Betrieb gehen, im Bereich Photovoltaik ist der Rückbau von Anlagen zu vernachlässigen. Bei Wind Onshore gibt es sicherlich in einzelnen Fällen Repowering, aber insbesondere nach der Abschaffung des Repoweringbonus dürfte das Repowering zunächst stark zurückgehen und erst wieder relevant werden, wenn die derzeit installierten Anlagen tatsächlich ihr Betriebsende erreicht haben. Da die meisten Anlagen erst ab 2001 zugebaut wurden, ist damit nicht vor 2021 zu rechnen. Deswegen ist diese Brutto-Netto-Diskussion weniger relevant, als man sie in der politischen Diskussion gemacht hat. Eigentlich ist der einzige Bereich, in dem sie in mittlerer Zukunft überhaupt Relevanz hat, Wind an Land.

Welches sind die Instrumente, um diese Mengen irgendwie einzuhalten? Seit der Novelle existieren mehrere unterschiedliche Instrumente, je nach Technologie. Wir haben für die großen Bereiche Wind Onshore und Photovoltaik, aber auch für Biomasse atmende Deckel, die sich im Kern an das anlehnen, was wir von dem atmenden Deckel von Photovoltaik aus der Vergangenheit kennen. Wir legen eine Degression fest, wenn wir den Korridor einhalten und wenn wir mehr zubauen, dann steigt die Degression, bauen wir weniger zu, sinkt sie. Wir haben im Bereich Wind Offshore tatsächlich einen festen Deckel, der über die Vergabe der Netzanbindung dafür sorgt, dass nicht mehr als die 6,5 GW gebaut werden. Es gibt eine leichte Möglichkeit zur Überschreitung des Deckels, weil man immer davon ausgehen muss, dass nicht alle Projekte, die geplant werden, tatsächlich umgesetzt werden. Das gilt insbesondere für die älteren Projekte, weil für die Vergabe einer Netzanbindungszusage niedrigere Anforderungen gestellt werden als heute. Vor dem Hintergrund gibt es tatsächlich für eine befristete Zeit die Möglichkeit, mehr Kapazitäten zu vergeben als diese 6,5 GW, die wir am Ende erreichen wollen. Aber dadurch dass auf keinen Fall alle Projekte kommen, gehen wir davon aus, am Ende auf dieses Ziel zu kommen.

Allerdings ist klar, dass über Ausschreibungen eine deutlich stärkere Mengensteuerung erfolgen wird, da am Anfang die Menge, die gefördert werden soll, festlegt wird. Und da wir ja bis spätestens 2017 die Höhe der Förderung für Strom aus erneuerbaren Energien nicht nur im Bereich der Photovoltaik, sondern auch außerhalb davon über Ausschreibungen ermitteln wollen, wird die Mengensteuerung in den nächsten Jahren nochmals verschärft.

3. Kosteneffizienz

Beim Thema Kosteneffizienz ist zunächst auf das Grünstromprivileg einzugehen, das gestrichen wurde, da es in einigen Bereichen immer wieder zu Überförderungen geführt hat und insbesondere als Mittel der Marktintegration teurer war als die Marktprämien. Weiter sieht die Novelle eine stärkere Konzentration auf die kostengünstigen Technologien vor, die tatsächlich den wichtigsten Punkt in dieser Novelle darstellt, wenn es um Kosteneffizienz geht. Das geschieht, indem wir den Ausbau im Bereich Biomasse und im Bereich Wind Offshore, der relativ teuer ist, stark begrenzen, während wird den Ausbau bei Wind Onshore und bei Photovoltaik relativ großzügig zulassen. Das senkt die in der Zukunft neu entstehenden Kosten.

Natürlich werden dann auch die Fördersätze angepasst – das betrifft insbesondere Wind an Land, wo eine gewisse Überförderung abgebaut wird. Dort kommen wir jetzt auf eine Vergütung von 8,9 ct/kWh und darüber hinaus wird auch noch das Referenzertragsmodell angepasst. In der Summe machen diese Vergütungsanpassungen für die EEG-Umlage einen eher kleinen Unterschied, das muss man ganz ehrlich sagen.

Zu den einzelnen Technologien im Detail: Bei Photovoltaik hat sich im Grunde wenig verändert. Wir liegen bei Vergütungssätzen zwischen 9 und 13 ct/kWh. Wir bleiben beim atmenden Deckel, so bleibt es weiterhin bei monatlichen Absenkungen der Vergütungssätze und bei den Zielkorridoren. Bei Wind Offshore gibt es kleine Änderungen, insbesondere verlängern wir das sog. Stauchungsmodell bis Ende 2019, was letztlich bedeutet, dass mehr Vergütung in einem kürzeren Zeitraum am Anfang gezahlt wird und weniger in der Restlaufzeit der Anlage. Wir haben die Degressionsvorschrift für das Stauchungsmodell geändert, die momentan nicht prozentual sondern absolut ist. Dadurch sinkt die Vergütung in 2018 von 19 ct/kWh auf 18 ct/kWh und im Basismodell von 15 ct/kWh auf 14 ct/kWh. Bei Biomasse haben wir starke Änderungen vorgenommen, die zu Recht viel diskutiert wurden. Letztlich sind die einsatzstoffbezogenen Vergütungen der Vergangenheit, insbesondere mit Nawaro-Bonus und sonstigen zusätzlichen Vergütungen für besonders wertvolle Einsatzstoffe alle weggefallen. Dadurch soll eine Konzentration auf Abfall- und Reststoffe erreicht werden, die übrigens auch dadurch erreicht wird, dass wir weiterhin kleine Gülleanlagen und Abfallvergärungsanlagen, die in der Regel angeschlossen an die kommunale Abfallverwertung errichtet werden, besonders fördern. Wir haben darüber hinaus die förderungsfähigen Strommengen für Biomasseanlagen auf 50 % der möglichen Erzeugung begrenzt. Hintergrund dafür ist, dass

Biomasse trotz der Streichung der Boni zu den teureren Technologien gehört. Wir glauben, dass man Biomasse nur dann fördern sollte, wenn es tatsächlich seine Stärken ausspielt und das ist letztlich die Steuerbarkeit. Und deswegen wird die insgesamt erzeugte Strommenge begrenzt auf 50 %. Das bedeutet, dass die Anlagen sich darauf konzentrieren, den Strom zu erzeugen, wo sie einen besonders hohen Preis an der Börse erzielen. Das ist dann wiederum der Anreiz im Zusammenhang mit der verpflichtenden Direktvermarktung.

Ein weiterer wichtiger Punkt im Sinne der Kostenbegrenzung ist der letzte Punkt, nämlich dass die Erweiterung bestehender Anlagen begrenzt wird. Wir hatten insbesondere unter dem EEG 2009 relativ hohe Vergütungssätze, die damals wegen der hohen Agrarpreise ebenfalls hoch gesetzt wurden, was in Teilen der Biomassebranche zu erheblichen Überförderungen und zu einem Ausbauboom geführt hat. Diese Anlagen erreichen zum Teil Vergütungssätze von deutlich über 20 Cent und das sind einfach Kosten, die wir in die Zukunft nur so weit fortschreiben wollen, wie es wirklich durch den Vertrauensschutz absolut notwendig ist. Deswegen besteht die Vorgabe, dass Erweiterungen zumindest nicht mehr vergütet werden.

4. Ausschreibungen

Zu den Ausschreibungen ist aus Sicht des Bundeswirtschaftsministeriums folgendes wichtig: Wir werden jetzt die Erfahrung mit dem Photovoltaik-Pilotprojekt sammeln. Aber im Grundsatz ist die Entscheidung gefällt, dass wir danach auch für die anderen Technologien eine Ausschreibung wollen. Es geht jetzt also darum, in dieser Pilotausschreibung zu lernen, wie wir eine gute Ausschreibung durchführen und nicht, ob wir überhaupt eine Ausschreibung durchführen wollen. Wir wissen aus anderen Ländern, dass es gemischte Erfahrungen gibt, dass man gute und schlechte Ausschreibungen machen kann. Uns geht es jetzt darum, ein gutes Design für die Ausschreibung in Deutschland zu finden.

Eine wichtige Ansage an die Investoren ist außerdem eine explizite Übergangsvorschrift für die Ausschreibung, die bereits jetzt in das EEG aufgenommen wurde, damit alle sich darauf einrichten können, wann der Umschwung kommt und jetzt schon wissen, bis wann sie fertig werden müssen, wenn sie nicht ins Ausschreibungsmodell wechseln wollen. Das haben wir klar gemacht, weil wir in den letzten Jahren sehr viele Diskussionen um Vertrauensschutz und Investitionssicherheit hatten.

5. Eigenversorgung

Nun zum Thema Eigenversorgung: Hier würde ich tatsächlich noch genauer darauf eingehen, warum die Einbeziehung der Eigenversorgung so ein zentrales Thema in dieser Novelle ist. Was sind die Ziele der Einbeziehung der Eigenversorgung in die Umlagepflicht, die ja ganz oft in den betroffenen Segmenten als eine Art Strafsteuer empfunden wird und so auch zum Teil in den Medien kolportiert worden ist? Es geht hier nicht um irgendwelche Strafen, sondern darum, dass wir ein energiewirtschaftlich und gesamtwirtschaftlich sinnvolles System schaffen wollen. Wir haben Ausbaukosten für erneuerbare Energien und die sollen sach- und verantwortungsgemäß verteilt werden. Aus Sicht des Bundeswirtschaftsministeriums gibt es keinen Grund, jemanden, der Strom selbst erzeugt, anders zu behandeln als jemanden, der Strom von jemandem anderen bezieht. Wir haben nichts dagegen, dass Personen ihren Strom selbst erzeugen. Wenn die Erzeugung vor Ort kosteneffizient ist und auch insbesondere mit Kraft-Wärme-Koppelung und erneuerbaren Energien erfolgt, halten wir das sogar für sinnvoll, aber wir glauben, dass es nicht sinnvoll sein kann, ein solches Verhalten mit über 6 ct/kWh anzureizen. Denn allein dadurch, dass ich Eigenversorger bin, erzeuge ich keinen gesellschaftlichen Nutzen. Vor diesem Hintergrund ist die Diskussion um den Eigenverbrauch entstanden. Gleichzeitig gab es vor allem in den letzten zwei Jahren insbesondere im Bereich Gewerbe, Handel und Dienstleistung starke Tendenzen Eigenversorgungsanlagen zu errichten und leider sehr viele von diesen vor allem deswegen, weil man damit die EEG-Umlage gespart hat. Das sind jedoch aus unserer Sicht keine sinnvollen Anreize, die das Gesetz gesetzt hat. Hinzu kommt, dass die Finanzierungsbasis für das EEG und für alle anderen Umlagesysteme durch einen zu starken Zuwachs der Eigenversorgung bedroht wird, solange die Eigenversorgung von diesen Umlagen weitgehend befreit ist. Vor diesem Hintergrund war es notwendig, dort zu handeln.

Wie kommt die EEG-Umlage eigentlich zustande und warum bedroht die Eigenversorgung die Umlage so sehr? Ich glaube, das ist sehr wichtig, um auch zu sehen, warum dieses Thema eine so zentrale Rolle spielt. Die Förderkosten berechnen sich aus Menge mal Preis der geförderten Energie, wovon der Börsenerlös für den Strom abgezogen wird. Dann stellt sich die Frage, auf wen wir diese Kosten verteilen, und das ist letztlich die umlagefähige Strommenge.

Der Nettostrombedarf in Deutschland ist in den letzten Jahren nur minimal zurückgegangen, nämlich von 539,6 TWh im Jahr 2006 auf 534,9 TWh 2014 und bis 2017 wird prognostiziert, dass dieser weiter auf 525,4 TWh

Die EEG-Novelle aus der Perspektive der Bundespolitik

sinkt. Die EEG-umlagepflichtige Strommenge dagegen lag im Jahr 2006 bei 425,0 TWh, sie ist mittlerweile auf 375,3 TWh gefallen und wird bis 2017 auf 357,8 TWh fallen. Der Anteil der voraussichtlich bzw. in der Vergangenheit unter der besonderen Ausgleichsregelung privilegierten Strommenge und die industrielle Eigenversorgung nehmen also zu. Schließlich kommt seit 2009 der Photovoltaik-Eigenverbrauch hinzu, der ebenfalls nicht der Umlagepflicht unterfällt.

Insgesamt sinkt die umlagepflichtige Strommenge somit stark – einerseites getrieben von einem Anstieg bei der stromintensiven Industrie und der besonderen Ausgleichsregelung, aber auch insbesondere in der Zukunft durch einen Anstieg beim Eigenverbrauch, sowohl im Segment Photovoltaik, als auch im Segment Kraft-Wärme-Koppelung und konventionelle Energieträger. Wenn sich diese umlagepflichtige Strommenge reduziert, dann sehen wir, dass in der Gleichung, mit der die EEG-Umlage berechnet wird, die Zahl der Personen, die sich die Gesamtkosten teilen, immer weiter sinkt. Deswegen hat ein Wegbrechen der Strommengen einen enormen Effekt auf die EEG-Umlage. Wenn man die stabilisieren will, muss man den umlagepflichtigen Letztverbrauch stabilisieren.

Was ist eigentlich Eigenversorgung und wie ist das am Ende im Gesetz umgesetzt worden? Was ganz klar ist und im EEG 2014 für Neuanlagen so geregelt wurde, ist, dass Eigenversorgung nur noch dann vorliegt, wenn die Eigenversorgung in unmittelbarer räumlicher Nähe zu der Stromerzeugung passiert und Erzeuger und Verbraucher identisch sind. Nur dann sprechen wir überhaupt von Eigenversorgung. Alle anderen Fälle fallen unter die normale Umlagepflicht. Die Eigenversorgung erfolgt meistens mit erneuerbaren Energien oder in Kraft-Wärme-Koppelung und in beiden Fällen beträgt die Belastung 40% der EEG-Umlage. Die wenigen konventionellen Eigenversorgungsanlagen, die es gibt, zahlen 100 % der EEG-Umlage.

Es existieren verschiedene Ausnahmen von der Umlagepflicht, die meisten allerdings mit sehr begrenztem Anwendungsbereich. Der einzige wirklich relevante Punkt sind die Bestandsanlagen, die weiterhin befreit sind. Das EEG 2014 sieht vor, dass die Regelung für Bestandsanlagen bis 2017 evaluiert werden muss. Ein wichtiges Anliegen der Kommission war, dass wir uns ansehen, ob es zwischen Bestand- und Neuanlagen zu groben Verzerrungen kommt. Ebenfalls von der EEG-Umlage befreit ist der Kraftwerkseigenverbrauch. Hinzu kommen die sogenannten Inselnetze, also Menschen, die nicht an das öffentliche Netz angeschlossen sind, z.B. Schiffe auf hoher See. Wenn diese Eigenversorgung haben, dann müssen sie ebenfalls keine EEG-Umlage zahlen. Schließlich sind die kleinen Eigenversorgungsanlagen bis 10 kW von der Pflicht zur Zahlung der EEG-

Umlage ausgenommen. Darüber ist lange gestritten worden, ob man die befreien will oder nicht. Am Ende haben wir uns aus Gründen des administrativen Aufwands für eine Befreiung entschieden, da dieser einfach höher ist als der Ertrag, zumindest bei den uns heute bekannten Verfahren zur Einziehung der EEG-Umlage. Die vollständige Eigenversorgung aus erneuerbaren Energien als letzte Ausnahme hat vielleicht noch eine gewisse Bedeutung. Die Bedeutung dürfte aber auch eher gering sein, da man sich wirklich vollständig selbst versorgen muss, um in den Genuss dieser Regelung zu kommen. Man darf also keinen Reststrombezug und auch keinen Auffangstrombezug aus dem Netz haben. Das bedeutet, wenn jemand sich im Wesentlichen selbst versorgt, aber für die Notstromversorgung auf einen Versorger zurückgreift, dann fällt er auch nicht in diese Regelung.

Ich möchte noch etwas zum Bestandsschutz hinzufügen. Alle bestehenden Anlagen bleiben befreit und können erneuert, ersetzt und erweitert werden, solange die Leistung nicht um mehr als 30 % gesteigert wird.

6. Besondere Ausgleichsregelung

Schließlich zu den besonderen Ausgleichsregelungen: Das Ziel, die Wettbewerbsfähigkeit der stromintensiven Industrie in Deutschland zu schützen, ist hinreichend deutlich gemacht worden in der Öffentlichkeit. Die Leitplanken bilden die Energie- und Umweltbeihilfeleitlinien der Europäischen Kommission, an denen wir uns orientiert haben. Das bedeutet, dass Unternehmen nur noch aus festgelegten Branchen, stromkosten- und handelsintensiv sein müssen, begünstigt werden können.

Wir haben im EEG weiterhin das Kriterium, dass ein Stromverbrauch von mindestens einer Gigawattstunde vorliegen muss, sowie die Anforderungen einer gewissen Stromkostenintensität, die sich nach Branchen unterscheidet. In den Branchen nach Liste 1 beträgt diese 16 % am Anfang, später dann 17 % und in den Branchen auf Liste 2 ist sie von Anfang an bei 20 %. Die unterschiedlichen Niveaus hängen damit zusammen, dass die Branchen von Liste 1 als Branchen insgesamt eine höhere Wettbewerbs- und Stromintensität haben und man deshalb davon ausgeht, dass die im Kern von hohen Strompreisen stärker betroffen sind als die Branchen auf Liste 2, wo es letztlich darauf ankommt, ob sie als individuelle Unternehmen tatsächlich stark betroffen sind.

Wichtig ist, dass alle begünstigten Unternehmen in Zukunft grundsätzlich ein Energie- und Umweltmanagementsystem haben müssen. Für die kleinen Unternehmen gibt es analog zur Stromsteuer auch die Möglichkeit eines vereinfachten Systems, mit denen man letztlich ein vergleichbares Resultat wie mit einem Energieaudit erzielt.

Was bedeuten diese Änderungen der Besonderen Ausgleichsregelung? Wir haben eine Begrenzung auf 15% der EEG-Umlage mit verschiedenen *Caps* und *Supercaps*, die dann von verschiedenen Verhältnissen der Stromkosten zur Bruttowertschöpfung abhängen. Das wirkt sich auf die momentan begünstigten Unternehmen sehr unterschiedlich aus, weil die Unternehmen unterschiedlich hohe Bruttowertschöpfungen haben. Das war in den Diskussionen mit der Kommission der schwierigste Punkt, da wir es sehr schwierig fanden, Unternehmen besonders stark zu belasten, die eine hohe Bruttowertschöpfung haben und damit hochproduktiv und hochinnovativ sind, während man schwache Unternehmen relativ wenig belastet, d.h. wir belasten die guten Unternehmen im internationalen Wettbewerb durch dieses System weit überproportional. Um das etwas abzumildern, ist das *Cap* und das *Supercap* entstanden. Beide führen dazu, dass sich die Kostensteigerung bei Unternehmen mit hoher Wertschöpfung in Grenzen halten. Dazu dienen auch Übergangsregelungen.

Die *Caps* führen dazu, dass Unternehmen mit einer niedrigen Wertschöpfung weniger zahlen als bisher. Um das auszugleichen und damit auch diese Unternehmen einen Beitrag leisten zum EEG, wurde als Gegenausnahme die Mindestumlage geschaffen. Einerseits muss für die erste Gigawattstunde die volle EEG-Umlage gezahlt werden und andererseits müssen 0,1 Cent für jede Kilowattstunde gezahlt werden, unabhängig von den *Caps* und *Supercaps*. Das dient letztlich wiederum dazu, das umlagepflichtige Aufkommen zu sichern.

Wir haben dann noch Übergangs- und Härtefallregelungen, die im Einzelnen sehr komplex sind. Im Kern dienen sie dazu, eine Anpassungsphase zu organisieren bzw. auch dauerhaft Unternehmen davor zu sichern, dass sie komplett aus der Regelung fallen. Die Übergangsregelung sichert im Wesentlichen, dass sich die Belastung von einem Jahr auf das andere nicht mehr als verdoppelt und die Härtefallregelung sagt im Kern, dass fast alle Unternehmen, die eine Begünstigung hatten, auf Dauer bei höchstens 20 % der EEG-Umlage bleiben. Es gibt einzelne Ausnahmen, weshalb es in den letzten Tagen auch nochmals eine intensive Diskussion mit der Kommission gab, die aber sagt, die Umweltbeihilfeleitlinien sind leider so auszulegen, dass nicht alle Unternehmen unter diese Härtefallregelung fallen. Nach unseren Abschätzungen sind davon aber ganz wenige Unternehmen betroffen. Unsere Ist-Datenanalyse hat ergeben, dass es rund 20 Unternehmen betreffen könnte. Trotzdem sorgt es natürlich für jede Menge Aufregung, weil alle Unternehmen Angst haben, sie könnten eines dieser 20 Unternehmen sein.

7. Fazit und Ausblick

Das EEG 2014 schafft zunächst einmal einen verlässlichen Rahmen für den weiteren Ausbau – das ist uns auch wichtig. Dieser soll entsprechend der Ziele und der Zielkorridore weitergehen. Wir sichern dafür die Finanzierungsbasis und schaffen letztlich den Ansatz für den Umstieg auf die Ausschreibungen. Wir haben nach unserer Auffassung jetzt ein europarechtskonformes System.[1]

---

[1] Die beihilfenrechtliche Genehmigung der Europäischen Kommission ist am 23. Juli 2014 erfolgt.

Die Regelung der Direktvermarktung im EEG 2014

Ulrich Ehricke

1. Einleitung

Am 1. August 2014 ist das neue EEG 2014 in Kraft getreten, das erhebliche Änderungen im Hinblick auf die rechtliche Regelung der Förderung der Erzeugung von Strom aus erneuerbaren Energieträgern vor. Die verabschiedete Fassung des EEG 2014 beruht maßgeblich auf dem Gesetzesentwurf der Bundesregierung vom Mai 2014[1] unter Einbeziehung der Änderungen, die der Ausschuss für Wirtschaft und Energie am 26. Juni empfohlen hat.[2] Von besonderer Bedeutung für die Praxis dürfte vor allem die umfassende Neuausrichtung der Regelungen zur sogenannten Direktvermarktung von erneuerbaren Energien sein. Sie soll künftig die zentrale Rolle im Rahmen der Förderung von Strom erneuerbaren Energiequellen spielen und insofern für neue EE-Anlagen die feste Einspeisevergütung als Grundmodell der Förderung ablösen. In Verbindung mit der Berechnung aller Förderbeiträge von „anzulegenden Werten" aus (§ 23 Abs. 1 EEG in Verbindung mit §§ 40 ff. EEG 2014) ist ein Ansatz geschaffen worden, die Förderung von Strom aus EE-Anlagen „marktgängiger" zu gestalten und so zur Markt- und Systemintegration von Strom aus erneuerbaren Energieträgern und aus Grubengas beizutragen. Damit soll zugleich eine Kostensenkung herbeigeführt werden. Außerdem soll mit den Änderungen Bedenken entgegengewirkt werden, es handele sich bei den Förderungsmaßnahmen im Rahmen des EEG um EU-rechtswidrige Beihilfen im Sinne des Art. 107 Abs. 1 AEUV[3], indem nun die von der EU-Kommission in ihren Leitlinien für staatliche Umweltschutz- und Energiebeihilfen 2014-2020 formulierten Anforderungen an die Ausgestaltung von staatlichen Fördermaßnahmen für EE-Strom berücksichtigt wurden.[4] Bei der Umsetzung des letzten Zieles ist die Neu-

---
1 BT-Drs. 18/1304.
2 BT-Drs. 18/1891.
3 Vgl. etwa Schulte-Beckhausen/Schneider/Kirch, RdE 2014, 101.
4 EU-Kommission, Leitlinien für staatliche Umweltschutz- und Energiebeihilfen 2014-2020, ABlEU 2013, C200/1, S. 1, Rn. 124 (Ziff. 3.3.2.1.).

fassung des EEG 2014 allerdings über das hinausgegangen, was die Leitlinien empfohlen haben: Die Leitlinien sehen die Einführung der Direktvermarktung von 2016 an mit einer Bagatellgrenze von 500 kW bzw. 3 MW/3 Erzeugungseinheiten vor. Unabhängig davon, dass die Leitlinien keine Bindungswirkung darstellen und lediglich die Auffassung der Kommission widergibt, ist eine „überschießende" Beachtung der Leitlinien der EU-Kommission in bestimmten Mitgliedstaaten unschädlich.

2. Entwicklung der Direktvermarktung

Die Direktvermarktung wurde erstmals im EEG 2009 aufgenommen (§ 17 EEG 2009 Direktvermarktung) und ergänzt seit dem die Abnahmepflicht des erzeugten EE-Stroms durch den Netzbetreiber bei der gleichzeitig durch Gesetzgeber vorgegeben Einspeisevergütung. Sie wurde eingeführt, um eine Weichenstellung hin zu einer erleichterten Marktintegration der erneuerbaren Energien zu erreichen.[5] Das Modell der Direktvermarktung ist dann im EEG 2012 weiter verfeinert und weiterentwickelt worden.[6] Damit wurde deutlich, dass der Gesetzgeber dieser Möglichkeit der Veräußerung des EE-Stroms einen hohen Stellenwert einräumt. Sie sollte im Rahmen des EEG 2012 als eigene Säule ausgebaut werden, um so der Marktintegration der stetig steigenden Stromproduktion aus erneuerbaren Energien besser gerecht werden zu können.[7] Zentrale Neuerung im EEG 2012 war die Einführung einer sogenannten Marktprämie, die einen Anreiz für die Anlagenbetreiber setzen sollte, die Direktvermarktung als Alternative zur festen Einspeisevergütung zu wählen.[8] Nach § 33a Abs. 1 EEG 2012 konnten die Anlagenbetreiber ihren Strom aus Anlagen, in denen sie ausschließlich erneuerbare Energien oder Grubengas einsetzen, nach Maßgabe der §§ 33b-33f EEG 2012 an Dritte veräußern. Voraussetzung dafür war nach § 33c Abs. 2

---

5 BT-Drs. 16/8148, S. 29.
6 EEG 2012, Teil 3a: Direktvermarktung (§§ 33a-33i EEG 2012). Die Regelungen bezogen sich auf allgemeine Vorschriften zur Direktvermarktung und in Regelungen über Prämien der Direktvermarktung. Zu alledem vgl. Ekardt/Hennig, in: Frenz/Müggenborg, EEG, 3. Aufl., 2013, § 33a, Rn. 4; Hinsch/Resthöft, in: Resthöft/Schäfermeier, EEG,4. Auflage, 2014, § 33a, Rn. 7 ff. und 15 f.; Wustlich/Müller, ZNER 2011, 380, 381; Breuer, VW 2012, 89; Valentin, REE 2012, 11.
7 BT-Drs. 17/6071, S. 45.
8 Zur Akzeptanz des Marktprämienmodells vgl. die Studie des Fraunhofer-Instituts Sensfuss/Ragwitz, Weiterentwickeltes Fördersystem für die Vermarktung erneuerbarer Stromerzeugung, 2011, S. 15.

EEG 2012, dass der Strom, der direkt vermarktet werden sollte, nach dem EEG förderfähig war. Das EEG 2012 sah im Grundsatz zwei verschiedene Pfade der Direktvermarktung vor. Nach § 33b Nr. 1 EEG 2012 konnte die Direktvermarktung erfolgen, um seitens des Anlagenbetreibers die Marktprämie nach § 33 g EEG 2012 in Anspruch zu nehmen. Insoweit handelte es sich um eine unmittelbare Förderung der Direktvermarktung durch das EEG 2012. Nach § 33b Nr. 2 EEG 2012 kann die Direktvermarktung gem. § 33a EEG als Direktvermarktung zum Zweck der Verringerung der EEG-Umlage durch ein Elektrizitätsversorgungsunternehmen nach § 39 EEG 2012 erfolgen. Die Anlagenbetreiber konnten also ihren Strom alternativ zur Direktvermarktung in die Marktprämie auch iSv § 33b Nr. 2 EEG 2012 an Elektrizitätsversorgungsunternehmen oder, wenn sie selbst Elektrizitätsversorgungsunternehmen sind, direkt an Letztverbraucher veräußern. Die Elektrizitätsversorgungsunternehmen nutzten den Strom für das Grünstromprivileg nach § 39 EEG 2012 und bewirken daher für sich eine Verringerung der EEG-Umlage. Das Versorgungsunternehmen konnte diese Ersparnis dann nutzen, um den Anlagenbetreibern im Vergleich zum Marktpreis höhere Vergütungen für den eingespeisten Strom zu bezahlen, und sie damit mittelbar an den Anlagenbetreiber weitergeben. Durch diese mittelbare Form der Förderung wurden die Preisgestaltungsoptionen der den Strom direkt vermarkteten Anlagenbetreiber vergrößert.[9] In § 33 b Nr. 3 EEG 2012 ist zudem noch ein Auffangtatbestand für die Möglichkeit der Direktvermarktung vorgesehen worden. Über den Umfang dieser Auffangnorm bestand nicht unerhebliche Unsicherheit.[10] Nach der Gesetzesbegründung sollte die dritte Variante eingreifen, wenn EE-Strom ohne jegliche Förderunterstützung direkt vermarktet werden sollte. Damit sollte die Direktvermarktung auch für solchen Strom ermöglicht werden, der nicht nach dem EEG 2012 vergütungsfähig war.[11] Zwischen den einzelnen Formen der Direktvermarktung bestand ein Exklusivitätsverhältnis.[12]

---

9   Vgl. dazu etwa Cosack, in: Frenz/Müggenborg, EEG, 3. Aufl., 2013, § 39, Rn. 1 ff.; Greb/Hölder, in: Beck'scher Online-Kommentar zum EEG, Stand: 01.05.2014, § 33b, Rn. 16 ff.; Schäfermeier, in: Reshöft/Schäfermeier, EEG, 4. Auflage 2014, § 39 Rn. 7 ff.; Wustlich: in Altrock/Oschmann/Theobald, EEG, 4. Auflage 2013, § 39, Rn. 69 ff.; Moench/ Ruttloff, RdE 2012, 134; Lehnert, ZUR 2012, 4, 14 f.
10 Salje, EEG, 6. Aufl., 2013, § 33b, Rn. 5; Ekardt/Hennig, in: Frenz/Müggenborg, EEG, 3. Aufl., 2013, § 33b, Rn. 6.
11 BT-Drs. 17/6071, S. 78.
12 S. Wustlich/Müller, ZNER 2011, 380, 382, 393.

Die verbreitetste Form der Direktvermarktung unter dem EEG 2012 ist diejenige zur Inanspruchnahme der Marktprämie nach § 33g EEG 2012 gewesen.[13] Diese Marktprämie konnte der Anlagenbetreiber vom Netzbetreiber zusätzlich zu dem ihm zustehenden Veräußerungserlös für den Strom verlangen. Diese Marktprämie sollte - vereinfacht ausgedrückt - die Differenz zwischen der festen, gesetzlich vorgesehenen Einspeisevergütung und den im Rahmen der Direktvermarktung erzielbaren Erlösen an der Strombörse abdecken. Die Marktprämie konnte gem. § 33g Abs. 1 EEG 2012 nur für die Menge an Strom verlangt werden, die tatsächlich eingespeist und von einem Dritten abgenommen wurde. Die konkrete Berechnung der Marktprämie richtete sich nach § 33g Abs. 2 EEG 2012 in Verbindung mit Anlage 4 zum EEG 2012. Die Höhe der Marktprämie war - ebenso wie die Höhe der festen Einspeisevergütung - für die verschiedenen Energieträger die zur Erzeugung des Stroms verwendet wurden, unterschiedlich hoch ausgestaltet. Vor dem Hintergrund des immer weiter steigenden Anteils von EE-Strom an der in Deutschland produzierten Gesamtmenge an Strom und der dadurch erheblich wachsenden Kostenlast für die stromverbrauchende Industrie und die Verbraucher ist die Notwendigkeit gesehen worden, die Förderung der Erzeugung von EE-Strom sowohl hinsichtlich der gesetzlich vorgesehenen Höhe als auch hinsichtlich der Methode zu ändern. Damit sollte zugleich dem Umstand Rechnung getragen werden, dass Strom aus EE-Anlagen auf dem Strommarkt im Vergleich zu dem Strom aus herkömmlichen Energieträgern in immer größeren Maße angeboten und nachgefragt wurde, so dass die Legitimation für Unterstützungsmaßnahmen zur Verbesserung der Markfähigkeit von EE-Strom in dem Maße schwächer wurde wie sich insbesondere die Kostenvorteile des Strom aus herkömmlichen Energiequellen verringerten. Eine Neugestaltung der im EEG 2012 vorgesehenen Fördermodelle wurde als erforderlich angesehen, um die Marktintegration des EE-Stroms weiter voranzutreiben.[14]

---

13 Vgl. u. a. Wustlich, in: Altrock/Oschmann/Theobald, EEG, 4. Aufl., 2013, § 33g Rn. 5 ff.; Ekardt/Hennig, in: Frenz/Müggenborg, EEG, 3. Aufl., 2013, § 33g, Rn. 1 ff.
14 Vgl. dazu Schafhausen, ZNER 2014, 7 ff.; Vossler, ZfU 2014, 198 ff.; Perner/Riechmann, ET 2013, Heft 5, S. 8 ff.

3. Die Neugestaltung der Direktvermarktung im EEG 2014

Wesentliches Merkmal der Neuregelungen der Direktvermarktung im EEG 2012 ist der erhebliche Bedeutungszuwachs dieses Instruments. Dieser wird bereits dadurch betont, dass die Direktvermarktung in den allgemeinen Grundsätzen des EEG 2014 gesondert hervorgehoben wird. § 2 Abs. 2 EEG 2014 bestimmt, dass Strom aus erneuerbaren Energien und aus Grubengas zum Zweck der Marktintegration direkt vermarktet werden soll. Da das Inverkehrbringen des EE-Stroms über die Abnahme- und Vergütungspflicht nicht als Ziel genannt wird, wird deutlich, dass der Gesetzgeber das nach dem EEG 2012 noch bestehende Alternativverhältnis zwischen den beiden Instrumenten nicht beibehalten möchte und der Direktvermarktung den Vorrang einräumen will. Mit dem EEG 2014 wird die Eigenvermarktung für alle neuen EE-Anlagen grundsätzlich verpflichtend und löst damit die feste Einspeisevergütung als Grundmodell der Förderung von EE-Strom ab. Lediglich bei den Bestandsanlagen steht die Direktvermarktung weiterhin als optionale Möglichkeit zur Verfügung. Damit wahrt der Gesetzgeber den Vertrauensschutz der Beteiligten in die zur Zeit der Errichtung der Anlage bestehende Rechtslage.[15]

a. Begriffsbestimmungen § 5 Nr. 9, 10 EEG 2014

Die zentrale Bedeutung der Direktvermarktung wird auch dadurch unterstrichen, dass sie in § 5 EEG 2014 nunmehr ausdrücklich definiert wird. Zwar entspricht die Begriffsbestimmung inhaltlich der bisherigen Definition der Direktvermarktung in § 33a EEG 2012, doch wird der Stellenwert dieser Begriffsbestimmung dadurch erhöht, dass er nunmehr als „zentraler Begriff" definiert vor die Klammer der Vorschriften des EEG 2014 gezogen wird. § 5 Nr. 9 EEG 2014 versteht demnach unter einer Direktvermarktung die Veräußerung von Strom aus erneuerbaren Energien oder Grubengas an Dritte, es sei denn, der Strom wird in unmittelbarer räumlicher Nähe zur Anlage verbraucht und nicht durch ein Netz durchgeleitet.

Die Direktvermarktung ist grundsätzlich Sache des Anlagenbetreibers. Es steht ihm aber frei, einen Dritten einzuschalten, der anstatt seiner den

---

15 S. im Weiteren dazu Sprenger, ZNER 2014, 325 ff.; Geipel/Uibeleisen, REE 2014, 142 ff.

Strom direkt an einen Letztverbraucher verkauft.[16] Das EEG 2014 reagiert auf diese für die Praxis wichtige Möglichkeit, in dem es – anders als das EEG 2012 – eine Definition eines solchen Direktvermarktungsunternehmers (DVU) vorsieht (§ 5 Nr. 10 EEG 2014).[17] Demnach ist ein Direktvermarktungsunternehmer, wer von dem Anlagenbetreiber mit der Direktvermarktung von Strom aus erneuerbaren Energien oder aus Grubengas beauftragt oder Strom aus erneuerbaren Energien oder aus Grubengas kaufmännisch abnimmt, ohne insoweit Letztverbraucher dieses Stroms oder Netzbetreiber zu sein.[18] Es wird also hervorgehoben, dass sowohl Letztverbraucher hinsichtlich des zu vermarkteten Stroms als auch Netzbetreiber aller Netzebenen nicht gleichzeitig auch DVU sein dürfen. Im Übrigen sieht das EEG 2014 zwei Varianten vor, in denen ein DVU tätig werden kann. Entweder übernimmt der DVU die Vermarktung des Stroms für den Anlagenbetreiber und wickelt diese für ihn ab oder der DVU kauft den Strom vom Anlagenbetreiber und vermarktet diesen dann eigenständig weiter. Im ersten Fall liegt dem Tätigwerden des DVU regelmäßig ein Geschäftsbesorgungsvertrag zugrunde. Im zweiten Fall tritt der DVU als Käufer des produzierten Stroms auf. Er muss in diesem Fall den Strom kaufmännisch abnehmen. Mit der Anforderung des kaufmännischen Abnehmens ist gemeint, dass das DVU das Risiko des Verkaufs des Stroms übernimmt, über die entsprechende Menge aber auch verfügen darf.[19] Welche Variante des Verhältnisses zwischen dem Anlagenbetreiber und dem DVU besteht, ist im Zweifel durch eine wirtschaftliche Betrachtung zu entscheiden. In dem Fall, in dem der DVU verpflichtet ist, den Strom kaufmännisch abzunehmen, ist es zwar sehr wahrscheinlich, jedoch nicht notwendig, dass der Stromhändler auch Kaufmann gem. der §§ 1 ff. HGB ist.[20] Typischerweise kommen auch Contractoren als Direktvermarktungsunternehmer in Betracht.[21] Aufgrund der wichtigen Stellung, die der Gesetzgeber den Direktvermarktungsunternehmen zuweist, sind sie gem. § 81 Abs. 4 S. 2 EEG 2014 – ebenso

---

16 BT-Drs. 18/1304, S. 165.
17 S. Breuer/Lindner, REE 2014, 129, 129 f.
18 S. Salje, EEG 2014, 7. Aufl., 2015, § 5, Rn. 45 ff.
19 Salje, EEG 2014, 7. Aufl., 2015, § 5, Rn. 47 und § 11, Rn. 10.
20 BT-Drs. 18/1304, S. 165; vgl. dazu auch Salje, EEG 2014, 7. Aufl., 2015, § 5, Rn. 46.
21 Breuer/Lindner, REE 2014, 129, 130; Salje, EEG 2014, 7. Aufl., 2015, § 5, Rn. 46 f.

wie die Anlagenbetreiber und die Netzbetreiber - auch als Verfahrensparteien bei der Clearingstellung zugelassen.[22]

b. Grundlage für die Zahlungsansprüche des Anlagenbetreibers

aa. Veräußerungsformen

Im Rahmen der Neufassung des EEG 2014 sind die Vorschriften über die die Förderung der Erzeugung von Strom aus erneuerbarer Energiequellen systematisch zusammengefasst. Sie bilden den 3. Teil des Gesetzes. In dessen ersten Abschnitt sind allgemeine Förderbestimmungen zusammengefasst. Das Gesetz geht von insgesamt vier „Veräußerungsformen" aus, die dem Anlagenbetreiber im Grundsatz zur Verfügung stehen, um den von ihm produzierten EE-Strom auf dem Markt zu verkaufen. Die Direktvermarktung steht in den Formen der „geförderten Direktvermarktung (§ 20 Abs. 1 Nr. 1 EEG 2014) und der „sonstigen Direktvermarktung" (§ 20 Abs. 1 Nr. 2 EEG 2014) zur Verfügung. Der staatlich vorgeschriebene Verkauf des produzierten EE-Stromes an den Netzbetreiber und die Zahlung einer ebenfalls hoheitlich festgesetzten Einspeisevergütung ist nach der Neuregelung des EEG 2014 nur vorgesehen, wenn der EE-Strom in einer kleinen Anlage mit einer installierten Leistung von bis zu 500 Kilowatt produziert worden ist[23](§ 20 Abs. 1 Nr. 3 EEG 2014) oder wenn – bedauerlicherweise nicht näher konkretisierte – Ausnahmefälle nach § 38 EEG 2014 vorliegen.[24] Der vom Gesetzgeber im Zusammenhang mit der Beschreibung der dem Anlagenbetreiber eröffneten Optionen verwendete Begriff der „Veräußerungs-

---

22 Zu weit gehend insoweit wohl die Erwägung von Breuer/Lindner, REE 2014, 219, 220, dass Streitigkeiten über Rechte und Pflichten aus dem Direktvermarktungsvertrag , jedenfalls soweit ein Bezug zum EEG bestehe, durch die Clearingstelle beigelegt werden solle. Ein solcher Vorschlag mag zwar im Grundsatz kostengünstiger sein, doch würde damit der Clearingstelle eine Position eingeräumt, die ihr eine Nähe zu Gerichten verschafft, die vom Gesetzgeber nicht gewollt ist.
23 Der Grenzwert von 500 Kilowatt gilt nur für Anlagen, die vor dem 1. Januar 2016 in Betrieb genommen worden sind. Für Anlagen, die nach dem 31. 12. 2015 in Betrieb genommen wurden, darf die maximale Leistung nur noch 100 Kilowatt betragen, damit sie als kleine Anlage im Sinne des § 37 EEG 2014 angesehen werden kann.
24 Vgl. dazu Salje, EEG 2014, 7. Aufl., 2015, § 38, Rn. 5 f.; Breuer/Lindner, REE 2014, 129, 139 f.

formen" ist indes etwas unglücklich gewählt. Er geht zurück auf die früheren Überlegungen zu einer „Ausfallvermarktung" und einer „Ausfallvergütung".[25] Der Begriff suggeriert indes, dass die beiden Handlungsoptionen des Anlagenbetreibers jeweils eine besondere Form der Veräußerung des produzierten Stromes beschreiben. Formal ist unter einer Veräußerung die Beschreibung dessen zu verstehen, dass bei einem Kauf das Geschäft sowohl hinsichtlich seines obligatorischen als auch bezüglich seines dinglichen Geschäfts abgewickelt worden ist.[26] Die Bezeichnung der „Eigenvermarktung" mag der Vorstellung einer „Veräußerungsform" zwar stellenweise nahekommen, jedoch umfasst der Begriff der „Vermarktung" neben dem Element des Verkaufs von Produkten auch eine starke Kommunikationsleistung bezüglich des Produktes, indem die unternehmerische Aufmerksamkeit von Marktteilnehmern auf das Produkt fokussiert wird.[27] Ein derartiges Kommunikationselement ist einer „Veräußerung" jedoch fremd. „Vermarktung" stellt mithin die aus der Ökonomie stammende Beschreibung eines Handlungskomplexes auf dem Markt dar, welche ein Akteur bezüglich eines Produktes vornimmt. Sie meint daher etwas völlig anderes als der juristisch geprägte Begriff der „Veräußerung". Noch deutlicher wird die Diskrepanz zwischen der Bezeichnung dessen, was eine Veräußerungsform darstellen soll und dem tatsächlichen Sinngehalt des verwendeten Begriffs im Hinblick auf die „Einspeisevergütung". Die „Einspeisevergütung" bezeichnet lediglich eine Leistung, die sich für den Anlagenbetreiber aus einem synallagmatischen Vertrag ergibt. Keinesfalls kann damit auch nur ansatzweise eine Form einer „Veräußerung" beschrieben sein. Diese begrifflichen Ungenauigkeiten sind zwar rechtlich folgenlos, jedoch wäre es wünschenswert, wenn man versuchen würde, in einer umfassenden Überarbeitung eines Gesetzes, die auch der sprachlichen Verbesserung dienen soll, möglichst weitgehend alle Begriffe und Formulierungen, so zu fassen, dass sie nicht zu Missverständnissen Anlass geben und dass sie juristisch richtig verwendet werden.

---

25 Vgl. Kabinettsbeschluss vom 22. 1. 2014 „Eckpunkte für die Reform des EEG" und Arbeitsentwurf zur Neufassung des EEG vom 10. 2. 2014.
26 Ebenso Salje, EEG 2014, 7. Aufl., 2015, § 20, Rn. 4.
27 S. dazu Pepels, Marketing: Lehr- und Handbuch, 4. Aufl., 2004, S. 109 ff.

bb. Anspruchsgrundlage des Anlagenbetreibers (§ 19 EEG 2014)

§ 19 EEG 2014 stellt dabei die zentrale Anspruchsgrundlage dar, aufgrund derer der Anlagenbetreiber entweder die Zahlung der Marktprämie im Rahmen der sog. „geförderten Direktvermarktung" oder eine Einspeisevergütung verlangen darf. Nach § 19 Abs. 1 Nr. 1 EEG 2014 besteht ein Anspruch auf Zahlung einer Marktprämie nach § 34 EEG 2014, wenn der Anlagenbetreiber den Strom direkt vermarktet und dem Netzbetreiber das Recht überlässt, diesen Strom als „Strom aus erneuerbaren Energien oder Grubengas" zu kennzeichnen. § 19 Abs. 1 Nr. 2 EEG 2014 gewährt einen Anspruch auf eine Einspeisevergütung nach § 37 oder § 38 EEG 2014, wenn der erzeugte Strom dem Netzbetreiber zur Verfügung gestellt wird und soweit dies abweichend von § 2 Abs. 2 EEG 2014 ausnahmsweise zugelassen ist. Anspruchsinhaber und damit der Geförderte bleibt nach wie vor der Betreiber der EE-Anlage. Schuldner der Zahlung der Marktprämie bzw. der Einspeisevergütung bleiben ebenfalls diejenigen Netzbetreiber, an deren Netz die Anlage angeschlossen ist. § 19 Abs. 4 EEG 2014 stellt klar, dass die Ansprüche auf die Marktprämie bzw. Einspeisevergütung auch dann bestehen, wenn der Strom vor der Einspeisung in das Netz zwischengespeichert worden ist. Dabei kommt es gem. § 19 Abs. 4 S. 2 EEG 2014 auf die Strommenge an, die aus dem Speicher nach der Rückverstromung in das öffentliche Netz gelangt.[28] Dies entspricht dem Regelungsgehalt des früheren § 16 Abs. 2 EEG 2012.[29] Die bei der Speicherung entstehenden Umwandlungs- und Leitungsverluste trägt der einspeisende Anlagen- und Speicherbetreiber. Die Förderhöhe bemisst sich allerdings nach dem Zeitpunkt und dem Anlagentyp bzw. der Kapazität der Anlage bei Einspeisen in den Speicher.[30]

§ 19 Abs. 2 EEG 2014 erlaubt, dass auf die zu erwartenden Zahlungen monatlich jeweils Abschläge in einem angemessenen Umfang verlangt werden können. Insofern wird die Regelung des § 16 Abs. 1 Satz 3 EEG 2012 fortgeführt, so dass die bislang entwickelte Rechtsanwendungspraxis zu den Abschlagszahlungen auch im Rahmen der neuen gesetzlichen Lage angewendet werden darf.[31] Um die bislang vielfach bestehenden Informations-

---

28 S. Salje, EEG 2014, 7. Aufl., 2015, § 19, Rn. 28.
29 Vgl. dazu Ekardt/Henning, in: Frenz/Müggenborg, EEG, 3. Aufl., 2013, § 16, Rn. 19 f.
30 Salje, EEG 2014, 7. Aufl., 2015, § 19, Rn. 29.
31 S. dazu etwa die Empfehlung der Clearingstelle 2012/6 und die grundlegende Entscheidung des BGH vom 19. November 2014 - VIII ZR 79/14 -zur Frage nach

defizite im Verhältnis des Anlagenbetreibers zum Netzbetreiber für die Zukunft zu verringern, ist in § 19 Abs. 3 EEG 2014 vorgesehen, dass der Anspruch auf die Abschlagszahlungen dann entfällt bzw. die Fälligkeit des Zahlungsanspruchs nicht eintritt, wenn der Anlagenbetreiber seine Pflichten zur Datenübermittlung für das jeweilige Vorjahr nach § 71 EEG 2014 nicht erfüllt. Zu diesen Pflichten der Anlagenbetreiber gehören nach § 71 Nr. 1 EEG 2014 unter anderem, dass sie bis zum 28. Februar eines Jahres alle für die Endabrechnung des Vorjahres erforderlichen Daten dem Netzbetreiber zur Verfügung stellen.[32] Mit der Koppelung der rechtzeitigen Datenübermittlung an die Möglichkeit Abschlagszahlungen zu erhalten bzw. an den Eintritt der Fälligkeit der Zahlung soll ein spürbarer wirtschaftlicher Druck auf die Anlagenbetreiber ausgeübt werden, ihren entsprechenden Pflichten nachzukommen. Eine Ausnahme gilt insoweit jedoch für das Jahr der Inbetriebnahme der Anlage. Gem. § 57 Abs. 5 EEG 2014 ist der Netzbetreiber verpflichtet, zu viel ausbezahlte Beträge zurückzufordern. Dieser Rückforderungsanspruch verjährt mit Ablauf des 31. Dezembers des zweiten auf die Einspeisung folgenden Kalenderjahres.[33]

c. Wechsel und Aufteilung zwischen verschiedenen Veräußerungsformen

aa. Wechsel- und Aufteilungsmöglichkeiten (§ 20 EEG 2014)

Hat sich ein Anlagenbetreiber einmal für eine bestimmte Veräußerungsform entschieden, ist er an diese Entscheidung nicht auf Dauer gebunden.

---

welcher Vorschrift sich die Fälligkeit des gemäß § 16 Abs. 1 Satz 3 EEG 2012 bestehenden Anspruchs eines Anlagenbetreibers gegen den Netzbetreiber auf Zahlung von Abschlägen auf die zu erwartende Einspeisevergütung bestimmt. Der BGH hat die Vorschrift des § 271 BGB als einschlägig angesehen. Die Fälligkeit ist demnach gegeben, wenn der Netzbetreiber in der Lage ist, an Hand der gemessenen Einspeiseleistung die in etwa angefallene Einspeisevergütung vorläufig zu berechnen und den sich danach ergebenden Betrag an den Anlagenbetreiber auszuzahlen.; s. zudem die ebenfalls bedeutsame Entscheidung des BGH vom 6. November 2013 - VIII ZR 194/12. Allgemeiner s. zudem Ekardt/Hennig, in: Frenz/Müggenborg, EEG, 3. Aufl., 2013, § 16, Rn. 10 ff.; Thorbecke/ Schumacher, in Säcker, Berliner Kommentar zum Energierecht, 3. Aufl., 2013, § 16 EEG Rn. 60)

32 Vgl. Vollprecht/Zündorf, ZNER 2014, 522, 527.
33 Vollprecht/Zündorf, ZNER 2014, 522, 527.

Das EEG 2014 lässt einen Wechsel zwischen den jeweiligen Veräußerungsformen zu. Neben einer derartigen Wechseloption für die Anlagenbetreiber kann auch die Möglichkeit einer nur anteiligen Direktvermarktung, wie sie in § 33f EEG 2012 ausdrücklich gestattet war, dazu dienen, den erzeugten EE-Strom flexibler zu vermarkten und die Ertragslage für den erzeugten EE-Strom zu optimieren.[34] Gleichwohl sah der ursprüngliche Gesetzesentwurf der Bundesregierung zur Neufassung des EEG 2014 noch vor, dass die Möglichkeit einer anteiligen Direktvermarktung nicht mehr in das neue Recht übernommen werden sollte. Zur Begründung wurde darauf hingewiesen, dass die anteilige Eigenvermarktung von der Praxis nicht ihn einem bedeutendem Umfang genutzt worden sei und sie daher nicht weiter beibehalten zu werden bräuchte.[35] Im Zuge der Diskussion über die Verlagerung der Veräußerungsformen des EE-Stroms von dem Ansatz der Einspeisevergütung hin zum Ansatz der Eigenvermarktung hat sich der Gesetzgeber auf der Basis der ihm vorliegenden Beschlussempfehlung dann doch entschieden, die anteilige Direktvermarktung beizubehalten, um den Anlagenbetreibern so ein größeres Spektrum an Handlungsmöglichkeiten zu öffnen. Nach § 20 Abs. 2 EEG 2014 dürfen Anlagenbetreiber daher den in ihren Anlagen erzeugten Strom prozentual auf verschiedene Veräußerungsformen in Form der geförderten Direktvermarktung, der sonstigen Direktvermarktung und der Einspeisevergütung für kleine Anlagen aufteilen. In diesem Fall müssen sie die angegebenen Prozentsätze jedoch nachweislich jederzeit einhalten.

Nach § 20 Abs. 3 Nr. 1 EEG 2014 ist der Wechsel eines Direktvermarktungsunternehmers jederzeit möglich. Eine solche Regelung ist daher notwendig, weil der Anlagenbetreiber in der Lage sein muss, sich von einem Direktvermarktungsunternehmer lösen zu können, z. B. wenn er der Auffassung ist, dass dieser für ihn nicht wirtschaftlich optimal tätig ist. Da der Wechsel im Verhältnis Anlagenbetreiber zum Direktvermarktungsunternehmer nicht zu einer Änderung der Verpflichtungen des Netzbetreibers führt, bedarf es insoweit auch keiner Fristen, um dem Netzbetreibern die nötige Zeit einzuräumen, sich auf die Änderungen einstellen zu können. Aus demselben Grund darf der Anlagenbetreiber auch den von ihm produzierten EE-Strom ganz oder teilweise an Dritte veräußern, wenn diese den

---

34 S. Wustlich/Müller, ZNER 2011, 380, 385.; Ekardt/Hennig, in: Frenz/Müggenborg, EEG, 3. Aufl., 2013, § 33f, Rn. 3f.
35 BT-Drs. 18/1304, S. 187f.

Strom in unmittelbarer räumlicher Nähe zur Anlage verbrauchen, ohne dass der Strom durch ein Netz der öffentlichen Versorgung durchgeleitet wird.[36]

bb. Verfahren (§ 21 EEG 2014)

Das Verfahren für den Wechsel zwischen den verschiedenen Veräußerungsformen ist im Rahmen der allgemeinen Förderbestimmungen des EEG 2014 geregelt. Wie auch schon im bisherigen Recht (§ 33d Abs. 1 EEG 2012) ist ein Wechsel zwischen diesen Veräußerungsformen ist nur zum ersten eines Kalendermonats möglich (§ 20 Abs. 1 EEG 2014). Gemäß § 21 Abs. 1 EEG 2014 müssen Anlagenbetreiber den Netzbetreibern den gewünschten Wechsel grundsätzlich vor Beginn der jeweils vorangegangenen Kalendermonats mitteilen. Auch insoweit entspricht die Regelung der bisherigen Rechtslage, § 33d Abs. 2 EEG 2012. Eine Ausnahme gilt lediglich für einen Wechsel in oder aus der Einspeisevergütung nach § 38 EEG 2014. Ein solcher Wechsel kann bis zum fünftletzten Werktag des Vormonats mitgeteilt werden. Dadurch soll der Notsituation Rechnung getragen werden, die dem Anspruch aus § 38 EEG 2014 zu Grunde liegt. Dem liegt die Erwägung zugrunde, dass die erfassten Ausnahmefälle üblicherweise plötzlich auftreten, so dass die Anlagenbetreiber möglichst schnell reagieren müssen und ihnen deshalb durch die kürzere Fristen die Möglichkeit eröffnet werden soll, schnell in die Ausfallvergütung wechseln zu können und auch später, nach Behebung der Notsituation, möglichst schnell wieder in die wirtschaftlich wesentlich attraktivere geförderte Direktvermarktung zurück zu wechseln.[37] Die 5-tägige Frist wird in derartigen Ausnahmesituationen für Netzbetreiber und Übertragungsnetzbetreibern als einen ausreichenden und zumutbaren Vorlauf zur Erfüllung ihrer Verpflichtungen angesehen.[38]

Bei der Wechselmitteilung müssen Anlagenbetreiber zunächst die Veräußerungsform angeben, in die gewechselt werden soll, § 21 Abs. 2 Nr. 1 EEG 2014. Bei einem Wechsel in die geförderte oder sonstige Direktvermarktung müssen die Anlagenbetreiber außerdem angeben, welchem Bilanzkreis der direkt vermarktete Strom zugeordnet werden soll (§ 21 Abs. 2 Nr. 2 EEG 2014). Im Falle einer anteiligen Vermarktung des produzierten

---

36 Zur Frage, wann der Verbrauch von Strom noch in der unmittelbaren räumlichen Nähe zur Anlage stattfindet vgl. jüngst Salje, RdE 2014, 149 ff..
37 BT-Drs. 18/1304, S. 188.
38 BT-Drs. 18/1304, S. 188.

Die Regelung der Direktvermarktung im EEG 2014

Stroms müssen die Anlagenbetreiber außerdem die Prozentsätze des Stroms angeben, die in der jeweiligen Veräußerungsform vermarktet werden sollen (§ 21 Abs. 2 Nr. 3 EEG 2014). Die zunächst noch vorgesehene Obliegenheit des Anlagenbetreibers zur Mitteilung eines Bilanzkreises, in den eventuelle Ausgleichsenergiemengen eingestellt werden sollen, ist im Rahmen der weiteren Beratungen über den Entwurf zum EEG 2014 nicht in die Neufassung des Gesetzes aufgenommen worden. Gleichzeitig ist damit auch die dazu korrespondierende Entlastungsmöglichkeit bezüglich einer eventuellen „Verunreinigung" des Marktprämien-Bilanzkreises nicht in das EEG 2014 aufgenommen worden.

§ 20 Abs. 3 EEG 2014 schreibt, ähnlich wie im früheren § 33d Abs. 3 EEG 2012, vor, dass die Anlagenbetreiber bei Wechselmitteilungen, dann, wenn die Bundesnetzagentur von ihrer Kompetenz gem. § 85 Abs. 3 Nr. 3 EEG 2014, eine Festlegung zu treffen, Gebrauch gemacht hat, das von ihr festgelegte Verfahren und Format einzuhalten haben. Unter anderem auf Grundlage des § 33d Abs. 3 EEG 2012 bzw. des § 61 Abs. 1b Nr. 3 EEG 2012 hatte die BNetzA 2011 und 2013 die Marktregeln für die Durchführung der Bilanzkreisabrechnung Strom (MaBiS und MaBiS 2.0) erlassen (Az.: BK6-12-153 und Az.: BH 6-07-002).

Wenn ein Anlagenbetreiber seine Mitteilungsobliegenheiten (das Gesetz spricht in § 25 EEG 2014 allerdings von „*Pflicht*verstößen") über einen Wechsel nach Maßgabe des § 21 EEG 2014 dem Netzbetreiber nicht oder nicht in der erforderlichen Form mitgeteilt hat, so verringert sich der anzulegende Wert für die Berechnung der Marktprämie bis zum Ablauf des Kalendermonats, der auf die Beendigung des Verstoßes folgt, auf den Monatsmarktwert (§ 25 Abs. 2 S. 1 Nr. 2 in Verbindung mit § 25 Abs. 2 S. 2 EEG 2014). Dies führt dazu, dass die Anlagenbetreiber eine geringere Förderung für den von ihnen in diesem Zeitraum produzierten EE-Strom erhalten.

d. „Geförderte" Direktvermarktung §§ 34-36 EEG 2014

Die nach dem EEG 2014 geförderte Direktvermarktung führt dazu, dass der Anlagenbetreiber einen Anspruch auf Zahlung einer Marktprämie hat, wenn der von ihm produzierte Strom aus erneuerbaren Energieträgern oder aus Grubengas von ihm nach § 20 Abs. 1 Nr. 1 EEG 2014 direkt vermarktet, tatsächlich – und nicht nur bilanziell – eingespeist und von einem Dritten abgenommen worden ist. Ein Anspruch aufgrund des „Grünstromprivilegs", wie es noch in §§ 33b Nr. 2, 39 EEG 2012 vorgesehen war, ist im Rahmen der Novellierung des EEG abgeschafft worden. Die Streichung wurde mit der mangelnden wirtschaftlichen Bedeutung und mit den im Vergleich zum Marktprämienmodell höheren Kosten begründet.[39] Gegen die Streichung ist allerdings vorgebracht worden, dass sie den Spielraum für innovative Lösungen im Rahmen der Stromversorgung/-produktion erheblich einengen würde.[40] Für die mit dem EEG 2014 gewählte Ausrichtung, die die Direktvermarktung betont und damit Verlagerung des wirtschaftlichen Risikos des in den Marktbringens von EE-Strom auf den Anlagenbetreiber bewirkt, stellt die Konzentration auf eine (degressiv ausgestaltete) Marktprämie als Förderinstrumentation einen überzeugenden Ansatz dar. Die Aufrechterhaltung weiterer Förderungsinstrumente hätte die Gefahr in sich geborgen, dass aufgrund der verschiedenen Anreize, die durch diese gesetzt werden und deren unterschiedlichen Wirkungsweisen die Erreichung des in Aussicht genommenen (politischen) Ziels erschwert worden wären. Nach § 95 Nr. 6 EEG 2014 besteht indes eine Möglichkeit, durch eine Verordnung ein System zur Direktvermarktung von Strom aus erneuerbaren Energien einzuführen, in dem dieser auch als solcher gegenüber dem Letztverbraucher gekennzeichnet werden darf.[41]

aa. Voraussetzungen der Marktprämie § 35 EEG 2014

Neben den allgemeinen Voraussetzungen des § 34 EEG 2014 sieht § 35 EEG noch zusätzliche Anspruchsvoraussetzungen vor.

(1) Keine Inanspruchnahme vermiedener Netzentgelte

Der Anspruch auf Zahlung der Marktprämie besteht nach § 35 Nr. 1 EEG 2014 nur, wenn für den Strom kein vermiedenes Netzentgelt nach § 18 Abs. 1 Satz 1 StromNEV in Anspruch genommen wird. Nach § 18 Abs. 1 Satz 1 StromNEV erhalten Betreiber von dezentralen Erzeugungsanlagen vom Betreiber des Elektrizitätsverteilernetzes, in dessen Netz sie einspeisen, ein Entgelt. Eine gleichzeitige Beanspruchung dieses Entgeltes und der Marktprämie ist nicht damit möglich.

---

39 BT-Drs. 18/1304, S. 133f..; s. auch Lüdemann/Ortmann, EnZW 2014, 387, 389 f.
40 BWE, Stellungnahme zum Entwurf eines Gesetzes zur grundlegenden Reform des Erneuerbare-Energien-Gesetzes und zur Änderung weiterer Vorschriften des Energiewirtschaftsrechts, S. 17f.
41 Vgl. Sösemann, EnWZ 2014, 352

(2) Fernsteuerbarkeit

Weitere Voraussetzung der Geltendmachung der Marktprämie ist nach § 35 Nr. 2 EEG 2014, dass der Strom in einer Anlage erzeugt wird, die fernsteuerbar im Sinne von § 36 Abs. 1 EEG 2014 ist. Im Gegensatz zu der früheren Gesetzeslage ist die Fernsteuerbarkeit der Anlage eine zwingende Voraussetzung für den Anspruch auf Zahlung einer Marktprämie. Damit soll gewährleistet werden, dass der Betrieb der Anlage an die jeweilige Marktlage angepasst werden kann. Diese Voraussetzung muss allerdings nicht vor dem Beginn des zweiten auf die Inbetriebnahme der Anlage folgenden Kalendermonats erfüllt sein. Nach § 36 Abs. 1 EEG 2014 sind Anlagen dann fernsteuerbar, wenn die Anlagenbetreiber einerseits die erforderlichen technischen Einrichtungen vorhalten, damit ein Direktvermarktungsunternehmer oder eine andere Person, an die der Strom veräußert wird, jederzeit die jeweilige Ist-Einspeisung abrufen kann und die Einspeiseleistung ferngesteuert reduzieren kann. Außerdem muss dem Direktvermarktungsunternehmer oder der anderen Person, an die der Strom veräußert wird, neben der technischen Möglichkeit auch die Befugnis eingeräumt werden, die jeweilige Ist-Einspeisung der Anlage abzurufen und die Einspeiseleistung in dem Umfang ferngesteuert zu reduzieren, der für eine bedarfsgerechte Einspeisung des Stroms erforderlich ist und der nicht nach den genehmigungsrechtlichen Vorschriften nachweislich ausgeschlossen ist. Insofern entsprechen die Anforderungen des EEG 2014 im Wesentlichen den Anforderungen, die momentan im Rahmen der Managementprämienverordnung[42] (MaPrV) an die Fernsteuerbarkeit von Anlagen gestellt werden.[43] Nicht ausdrücklich geregelt ist jedoch, dass ein Ausschluss der bedarfsgerechten Regelung der Einspeiseleistung nicht nur aufgrund genehmigungsrechtlicher Vorgaben vorliegen kann, sondern beispielsweise auch durch vertragliche Regelungen des Regelungsadressaten mit einem Dritten. Denkbar ist dies etwa dann, wenn mit der EE-Anlage eine KWK-Anlage gekoppelt ist und durch die ferngesteuerte Regelung der Einspeiseleistung die Verpflichtung des Anlagenbetreibers, an einen Kunden in der KWK-Anlage produzierte Wärme zu liefern betroffen ist. Durch § 36 Abs. 3 EEG 2014 und den dort vorgesehenen Verweis auf die Regelungen zum Einspeisemanagement nach §§ 14 f. EEG 2014 wird deutlich, dass die Vorschriften in Bezug auf

---

42 Verordnung über die Höhe der Managementprämie für Strom aus Windenergie und solarer Strahlungsenergie (Managementprämienverordnung - MaPrV) v. 2. November 2012, BGBl. I S. 2278.
43 Breuer/Lindner, REE 2014, 129, 133.

die Fernsteuerbarkeit als Voraussetzung für die Marktprämie und die Vorgaben zur Durchführung des Einspeisemanagement zur Gewährleistung der Netzstabilität eng mit einander verbunden sind. Aus dem Umstand, dass in § 14 Abs. 1 S. 1 Nr. 2 und in § 14 Abs. 1 S. 3 EEG 2014 die Stromeinspeisung von Kraft-Wärme-Kopplungsanlagen nunmehr ausdrücklich in die Reihe der erst nachrangig zu regelnden Stromerzeugungsarten aufgenommen wurde und § 15 Abs. 1 EEG 2015 auch eine Entschädigung für die durch die Regelung von Kraft-Wärme-Kopplungsanlagen entgangenen Wärmeerlöse vorsieht[44], lässt sich schlussfolgern, dass die Voraussetzungen für die Marktprämie auch dann noch gegeben sind, wenn die Anlagenbetreiber den Direktvermarktungsunternehmern oder den anderen Personen, an die Strom veräußert wird, die Befugnis, die Einspeiseleistung ferngesteuert in dem für eine bedarfsgerechte Einspeisung von Strom erforderlichen Umfang zu reduzieren nur in einem solchen Maße einräumen, dass sie ihren vertraglichen Verpflichtungen zur Lieferung der in der Kraft-Wärme-Kopplungsanlage produzierten Wärme noch weiter nachkommen können.[45]

§ 36 Abs. 1 Satz 2 EEG 2014 stellt zudem klar, dass für mehrere Anlagen, die über denselben Verknüpfungspunkt mit dem Netz verbunden sind, gemeinsame technische Einrichtungen vorgehalten werden können, mit der der Direktvermarktungsunternehmer oder die andere Person jederzeit die gesamte Ist-Einspeisung der Anlagen abrufen und die gesamte Einspeiseleistung der Anlagen ferngesteuert reduzieren kann. Diese Klarstellung ist insofern zu begrüßen als es im Rahmen der MaPrV noch nicht ganz klar war, ob für mehrere Anlagen auch eine gemeinsame technische Einrichtung ausreicht.[46]

(3) „Sortenreine" Bilanzierung

Nach § 35 S. 1 Nr. 3a EEG 2014 ist weitere Voraussetzung für den Anspruch auf Zahlung der Marktprämie, dass der Strom „sortenrein" bilanziert

---

44 S. Salje, EEG 2014, 7. Aufl., 2015, § 15, Rn. 8.
45 Im Ergebnis ebenso Herz/Valentin, EnWZ 2014, 358, 361; vgl. zu diesem Problemkomplex ausführlich unter spezieller Einbeziehung von KWK-Anlagen: M. Lindner, Abschaltreihenfolge im Rahmen des Einspeisemanagements des EEG, 2014.
46 Vgl. Breuer, REE 2013, 81, 82ff.; KG Berlin, RdE 2013, 95.

wird. [47]Der Strom muss grundsätzlich in einem Bilanz- oder Unterbilanzkreis bilanziert werden, in dem ausschließlich Strom aus erneuerbaren Energien oder aus Grubengas, der in der geförderten Direktvermarktung vermarktet wird, bilanziert wird. Diese Voraussetzung soll der Transparenz und Missbrauchsverhinderung dienen.[48] Ausnahmsweise bleibt der Anspruch auf die Zahlung der Marktprämie jedoch erhalten, wenn der Bilanzkreis zwar nicht sortenrein ist, der Anlagenbetreiber oder der Direktvermarktungsunternehmer diese „Verunreinigung" aber nicht zu vertreten haben, § 35 S. 1 Nr. 3 b) EEG 2014. Ob aus dieser Regelung jedoch gefolgert werden kann, dass es dem Anspruch auf die Marktprämie nicht entgegensteht, wenn von dem Übertragungsnetzbetreiber Ausgleichsenergie in den Marktprämienbilanzkreis eingestellt wird[49], erscheint doch eher zweifelhaft. Zwar findet sich in der Gesetzesbegründung der Hinweis, dass § 35 S. 1 Nr. 3 b) EEG 2014 auch die Einstellung von Ausgleichsenergie erfassen solle[50], doch dürfte dies nicht in dem Sinne zu verstehen sein, dass damit eine Einschränkung des Tatbestandsmerkmals des „Vertretenmüssen" gewollt war.

Im Gegensatz zu den Pflichten bei der Direktvermarktung nach dem EEG 2012 ist im EEG 2014 die in § 33c Abs. 2 Nr. 3 EEG 2012 vorgesehene Messung und Bilanzierung der gesamten Ist-Einspeisung in viertelstündlicher Auflösung nicht mehr als Voraussetzung für den Anspruch auf Zahlung einer Marktprämie genannt.[51]

bb. Berechnung der Marktprämie

Nach § 34 Abs. 2 EEG 2014 wird die Höhe der Marktprämie kalendermonatlich berechnet. Die Berechnung erfolgt rückwirkend anhand der jeweiligen berechneten Werte nach Anlage 1 zum EEG 2014. Nr. 1.2. Anlage 1 bestimmt die Formel zur Berechnung der Marktprämie wie folgt:

---

47 Vgl. an dieser Stelle die Entscheidung des BGH vom 6. November 2013 - VIII ZR 194/12 –in der er unter Geltung des EEG 2009 entschieden hat, dass der vorübergehende Einsatz von fossilen Energieträgern zur Befeuerung einer Biogasanlage nicht zu einem endgültigen Wegfall des Vergütungsanspruchs nach § 16 Abs. 1 EEG 2009 führe. Vgl. auch die anders lautende Entscheidung der Vorinstanz OLG Schleswig, ZNER 2012, 518.
48 BT-Drs. 18/1304, S. 205; s. zudem Breuer/Lindner, REE 2014, 129, 134.
49 So Herz/Valentin, EnWZ 2014, 358, 360.
50 BT-Drs. 18/1304, S. 207 f.
51 S. dazu und den daraus möglicherweise erwachsenden Rechtsfolgen Herz/Valentin, EnWR 2014, 358, 360.

Marktprämie (MP) = anzulegender Wert (AW) – Monatsmarktwert (MW)

Der AW ist der jeweils anzulegende Wert, der in den §§ 40 - 55 EEG 2014 für die verschiedenen Technologien festgelegt wird. Der MW ergibt sich gem. Nr. 2 Anlage 1 zum EEG 2014. Die Berechnung wird differenziert danach vorgenommen, ob es sich um Strom aus Wasserkraft, Deponiegas, Klärgas, Grubengas, Biomasse oder Geothermie nach den §§ 40 – 48 EEG 2014 oder aus Windenergie bzw. solarer Strahlungsenergie nach §§ 45 f. EEG 2014 handelt. Grundsätzlich ist der tatsächliche Monatsmittelwert der an der Strombörse EPEX Spot SE, Paris, gezahlten Preise pro Kilowattstunde Strom bzw. Stundenkontrakt relevant. Die Ermittlung erfolgt nunmehr ausschließlich auf Basis der Online-Hochrechnung nach Nr. 3. 1 Anlage 1 zum EEG 2014.[52]

Die Formel zur Berechnung der Marktprämie hat sich gegenüber dem EEG 2012 als solche nicht wesentlich verändert. Allerdings haben sich die Berechnungsparameter geändert. Im Rahmen des EEG 2012 konnte für den AW auf die Höhe der Einspeisevergütung zurückgegriffen werden, die die Anlagenbetreiber theoretisch hätten in Anspruch nehmen können. Da im EEG 2014 keine generelle Einspeisevergütung mehr gezahlt wird, sind die für die verschiedenen Technologien explizit festgelegten Werte anzusetzen. Mit dieser Änderung wird bewirkt, dass im Vergleich zum EEG 2012 die anzulegenden Werte teilweise geringer ausfallen sind, was den Effekt einer Verringerung der zu zahlenden Marktprämie hat. Gleichzeitig sind die anzulegenden Werte degressiv ausgestaltet, so dass die Werte von Jahr zu Jahr sinken. Die grundsätzliche jährliche Absenkung der Förderung wird in §§ 27 - 31 EEG 2014 festgelegt. Demnach sollen die anzusetzenden Werte für die verschiedenen Technologien ab dem Jahr 2016 jährlich bzw. vierteljährlich um einen festgelegten Prozentsatz/Betrag sinken. Wenn der im Gesetz festgelegte Zielkorridor für die entsprechende Technologie überschritten wird, soll diese Degression (noch) stärker ausfallen, um so den Zubau neuer Anlagen besser steuern zu können.[53]

cc. Abschaffung der Managementprämie

Nach dem Regelungsregime des EEG 2012 konnte vom Anlagenbetreiber zusätzlich zu der Marktprämie auch die sogenannte Managementprämie in

---

[52] BT-Drs. 18/1304, S. 204f.
[53] S. dazu Herz/Valentin, EnWZ 2014, 358, 361.

Anspruch genommen werden. Nach § 33g EEG 2012 in Verbindung mit Anlage 4 zum EEG 2012 war die Managementprämie als Ausgleich die Prämie für die notwendigen Kosten für die Börsenzulassung, für die Handelsanbindung, für die Transaktionen, für die Erfassung der Ist-Werte und die Abrechnung, für die IT-Infrastruktur, das Personal und Dienstleistungen, für die Erstellung der Prognosen und für Abweichungen der tatsächlichen Einspeisung von der Prognose vorgesehen. Die Höhe der Managementprämie richtet sich im Einzelnen nach der MaPrV und variierte je nach Erzeugungstechnologie. Um zudem einen Anreiz für den Einbau einer Fernsteuertechnik zu schaffen, wurde fernsteuerbare Anlagen nach § 3 MaPrV eine etwas höhere Managementprämie vorgesehen. Im Rahmen der Novellierung des EEG 2014 ist die Managementprämie aus Kosteneffizienzgründen nun abgeschafft werden.[54] Die von ihr erfassten Kosten werden nunmehr in die Marktprämie selbst eingepreist.[55] Aus § 37 Abs. 3 EEG 2014 lässt sich schließen, dass der Gesetzgeber für Strom aus Wasserkraft, Deponiegas, Klärgas, Biomasse und Geothermie 0,2 Cent pro Kilowattstunde und für Strom aus Windenergie onshore/offshore und solarer Strahlungsenergie 0,4 Cent pro Kilowattstunde für durch die Direktvermarktung entstehende Kosten eingepreist hat. Etwas anderes gilt nur für Bestandsanlagen. Für sie soll die Berücksichtigung der Managementprämie nach § 100 Abs. 1 Nr. 8 EEG 2014 dadurch sichergestellt werden, dass die anzulegenden Werte bei der Berechnung der Marktprämie erhöht werden.[56]

Da für neue Anlagen die Fernsteuerbarkeit notwendige Voraussetzung für den Anspruch auf die Marktprämie ist, führt das Fehlen der erforderlichen technischen Einrichtungen zur Fernsteuerung nicht nur, wie unter der bisherigen Rechtslage, nur zu einer verminderten Managementprämie führen, sondern vielmehr zu einem kompletten Entfall des Anspruchs auf die Marktprämie, vgl. § 35 Nr. 2 EEG 2014.

Für Bestandsanlagen besteht für die verbindliche Voraussetzung der Fernsteuerbarkeit der Anlagen eine Übergangsfrist bis zum 1. April 2015, § 100 Abs. 1 Nr. 5 EEG 2014.

---

54 BT-Drs. 18/1304, S. 132; kritisch zur Gefahr von fehlgeleiteten Effekten durch die Managementprämie Gawel/Purkus, ZUR 2012, 587 ff.; Lüdemann/Ortmann, ZNER 2012, 325 ff.
55 BT-Drs. 18/1304, S. 132.
56 Breuer/Lindner, REE 2014, 129, 140; Herz/Valentin, EnWZ 2014, 358, 361

e. Sonstige Direktvermarktung § 20 Abs. 1 Nr. 2 EEG 2014

Neben der geförderten Direktvermarktung zur Inanspruchnahme der Marktprämie gibt es weiterhin die sonstige Direktvermarktung als Auffangtatbestand. Diese Regelung ist im Wesentlichen klarstellender Natur. Erfasst werden damit alle Formen der Stromvermarktung, für die keine Förderung nach dem EEG 2014 besteht, die aber gleichwohl den Kriterien der Definition der Direktvermarktung in § 5 Nr. 9 EEG 2014 entsprechen. Zugleich wird mit der Vorschrift verdeutlicht, dass die EE-Anlagenbetreiber die übrigen Vorteile einer EEG-Anlage genießen, wie beispielsweise gem. § 11 Abs. 1 EEG 2014 das Recht auf vorrangige physikalische Abnahme, Übertragung und Verteilung des produzierten Stroms. Es bleibt abzuwarten, welche Bedeutung die sonstige Direktvermarktung in der Praxis haben wird.[57]

f. Einspeisevergütung §§ 37, 38 EEG 2014

Nach der Neukonzeption der Förderung von EE-Strom im 2014 durch die Stärkung der Eigenvermarktung soll die Zahlung einer Einspeisevergütung für neue Anlagen nur noch in Ausnahmefällen zulässig sein. Derartige Ausnahmen bestehen für kleine Anlagen gem. § 37 EEG 2014. Damit soll vermieden werden, kleine EE-Anlagen mit der Notwendigkeit der Direktvermarktung ihres produzierten Stroms zu belasten. Anspruchsberechtigt sind Betreiber von Anlagen, die vor dem 1. Januar 2016 in Betrieb genommen werden und eine installierte Leistung von höchstens 500 Kilowatt haben sowie Anlagen, die nach dem 31. Dezember 2015 in Betrieb genommen worden sind und eine installierte Leistung von höchstens 100 Kilowatt haben. Für die Höhe der Einspeisevergütung ist auf die in den §§ 40 ff. EEG 2014 für die einzelnen Energieträger festgelegten Werte unter Abzug von 0,2 bzw. 0,4 Cent pro Kilowattstunde, die im Rahmen der anzulegenden Werte für die Zusatzkosten der Direktvermarktung veranschlagt werden (§ 37 Abs. 4 Nr. 1 und 2 EEG 2014), zurückzugreifen. In den anzusetzenden Werten ist die Umsatzsteuer nicht enthalten (§ 23 Abs. 3 EEG 2014).

---

57 S. Herz/Valentin, EnWZ 2014, 358, 362; Zur Bedeutung in der Praxis nach dem EEG 2012 vgl. Altrock/Oschmann, in: Altrock/Oschmann/Theobald, EEG, 4. Aufl., 2013, § 33b, Rn. 71; Hinsch/Resthöft, in: Resthöft/Schäfermeier, EEG, 4. Aufl., 2014, § 33b, Rn. 7 ff.

Um das Ziel der allmählichen Verringerung der Förderunterstützung durch eine gesetzlich vorgesehene Einspeisevergütung zu erreichen, hat der Gesetzgeber im EEG 2014 detaillierte Vorschriften für die Verringerung des Anspruchs auf Einspeisevergütung vorgesehen. § 23 Abs. 4 EEG 2014 beschreibt enumerativ die Fälle, in denen es zu einer Verringerung der Förderung kommen kann und verweist hinsichtlich der Einzelheiten auf die speziellen Regelungen im EEG 2014.[58] Von besonderer Bedeutung sind die Verringerung der Förderung bei negativen Preisen gem. § 24 EEG 2014 und bei Pflichtverstößen gem. § 25 EEG 2014.

Die zweite Ausnahme in § 38 EEG 2014 soll die Finanzierung der Anlagen absichern und den Anlagenbetreibern eine Ausfallvergütung in Notsituationen gewähren. § 38 EEG 2014 spricht von Ausnahmefällen, die jedoch nicht weiter konkretisiert werden. Die Begründung nennt die Insolvenz des Direktvermarktungsunternehmers oder die Unmöglichkeit der Direktvermarktung unmittelbar nach der Aufnahme des Anlagenbetriebs als Beispiele.[59] Fraglich ist, ob diese Aufzählung abschließend ist oder noch weitere Ausnahmefälle denkbar sind. Für die Höhe der Einspeisevergütung sind wiederum die anzulegenden Werte heranzuziehen, allerdings wird ein gewaltiger Abschlag von 20% vorgenommen. Insofern ist die Einspeisevergütung nach § 38 EEG 2014 wirtschaftlich recht unattraktiv ausgestaltet. Dadurch soll gewährleisten werden, dass die Ausfallvergütung wirklich nur in Notfällen in Anspruch genommen wird.[60]

g. Übergangsvorschriften §§ 100 ff. EEG 2014

Im Rahmen des EEG 2014 findet ein Systemwechsel statt. Bisher war es so, dass neu eingeführte Regelungen grundsätzlich nur für neue Anlagen galten, es sei denn es gab eine explizite Ausnahmevorschrift, die den Anwendungsbereich der neuen Vorschriften auch auf Bestandsanlagen erstreckte, was im Hinblick auf Vertrauensschutzgesichtspunkte immer mit Vorsicht zu handhaben ist. Im EEG 2014 ist es nun so vorgesehen, dass die neuen Regelungen grundsätzlich auch für alle Bestandsanlagen gelten, es sei denn es findet sich eine explizite Ausnahmebestimmung, die etwas anderes fest-

---

58 Dazu ausführlicher Breuer/Lindner, REE 2014, 129, 135 ff.
59 BT-Drs. 18/1304, S. 209; Breuer/Lindner, REE 2014, 129, 139.
60 BT-Drs. 18/1304, S. 133.

legt. Dies führt dazu, dass es eine Vielzahl von verschiedenen Ausnahmebestimmungen gibt. Da je nach Anlagentyp andere Ausnahmeregelungen greifen können, kann dies zu einer zersplitterten Rechtslage führen.[61]

Für Bestandsanlagen, die vor dem 1. August 2014 in Betrieb genommen werden, soll die Direktvermarktung weiterhin optional bleiben. Diese Anlagen haben also immer noch die Möglichkeit der Inanspruchnahme einer festen Einspeisevergütung. Für diese Anlagen wird durch § 100 Abs. 1 Nr. 6 EEG 2014 der Anspruch auf eine Einspeisevergütung nach § 37 EEG 2014 so modifiziert, dass er größenunabhängig gilt.[62] Sollten sich die Anlagenbetreiber für eine Direktvermarktung des produzierten Stroms entscheiden, so richtet sich eine solche grundsätzlich nach den Regelungen des EEG 2014. Allerdings besteht nach § 100 Abs. 1 Nr. 5 EEG 2014 die Ausnahme, dass Bestandsanlagen die Voraussetzung der Fernsteuerbarkeit nach §§ 35 Nr. 2, 36 EEG 2014 erst ab dem 1. April 2015 erfüllen müssen.[63] Der anzulegende Wert bei der Berechnung der Marktprämie wird nach § 100 Abs. 1 Nr. 8 EEG 2014 für Bestandsanlagen etwas erhöht, um so die Managementprämie trotz deren Wegfalls für Bestandsanlagen berücksichtigen zu können.[64]

4. Auswirkungen der Novellierung

Der Gesetzgeber erhofft sich durch die Neuregelung der Förderung von EE-Strom und die damit einhergehende Stärkung der Eigenvermarktung im EEG 2014 vor allem eine stärkere Marktintegration des Stroms aus erneuerbaren Energieträgern und aus Grubengas, eine bessere Kontrolle und Planbarkeit des Ausbaus der Gewinnung von Strom aus erneuerbaren Energieträgern und Grubengas und auch eine Durchbrechung der momentanen Kostendynamik.[65] Er setzt damit konsequent das um, was dem Förderansatz des EEG zugrunde liegt, nämlich einen schrittweisen Rückzug staatlicher Intervention in den Markt der Stromerzeugung soweit die Erzeugung von Strom aus erneuerbaren Energiequellen und aus Grubengas den Vorsprung

---

61 Ausführlich dazu Vollprecht/Zündorf, ZNER 2014, 552 ff.
62 BT-Drs. 18/1304, S. 273f.
63 Dazu Breuer/Lindner, REE 2014, 129, 141; Geipel/Uibeleisen, REE 2014, 142, 148.
64 BT-Drs. 18/1304, S. 274.
65 BT-Drs. 18/1304, S. 1f.

Die Regelung der Direktvermarktung im EEG 2014

des aus konventionellen Energieträgern erzeugten Stroms eingeholt hat und von sich aus „marktfähig" wird.[66]

Es ist insoweit sicher nicht auszuschließen, dass die verpflichtende Direktvermarktung (zunächst) zu zusätzlichen Kosten für die Vermarktung, die Prognoseerstellung und den Profilservice führen und ohne die garantierte Einspeisevergütung im Rücken stellenweise auch die Finanzierung neuer Anlagen erschweren. Damit wird aus einer marktbezogenen Perspektive den Betreibern von EE-Anlagen allerdings nur ein unternehmerisches Risiko auferlegt, das alle anderen Investoren bezüglich der Errichtung von Stromerzeugungsanalgen auch obliegt. Mit einer derartigen Belastung jedoch erreicht werden, dass die Planung von Neuproduktionsanlagen sich nach einer tatsächlich bestehenden Nachfrage und nicht nach prognostizierten Fördermaßnahmen ausrichtet. Im Ergebnis sorgt dies dazu, dass die Gefahr von Fehlallokationen im Bereich der Errichtung von Stromerzeugungsanlagen besser begegnet werden kann und sich volkswirtschaftlich eine Situation ergeben kann, die die Errichtung von neuen EE-Anlagen und die Erzeugung von EE-Strom an den Parametern von Angebot und Nachfrage ausrichtet und sich nicht nach den Anreizen staatlicher Eingriffe in den Markt ausrichtet. Nicht von der Hand zu weisen ist allerdings die Gefahr, dass die im EEG 2014 vorgenommenen zeitlichen Begrenzungen der Förderdauer auch Anreize setzt, dass sich die Betriebsweise der Anlagen eher an den Förderungsmöglichkeiten als an dem Bedarf orientiert.[67] Es spricht in der Tat einiges dafür, dass die Steuerungsfunktion von Marktpreisen besser erreicht wird, wenn nicht der Förderzeitraum, sondern die geförderte Arbeit/Leistung als Faktor zur Bestimmung von Förderungsmaßnahmen herangezogen würde.[68] Allerdings ist bei der Kritik an dem jetzigen Modell zu bedenken, dass sich mögliche Alternativmodelle, wie etwa ein Ausschreibungsmodell, insgesamt betrachtet möglicherweise gar nicht als vorteilhafter herausstellen könnten.

---

66 Im Ergebnis ähnlich Breuer/Lindner, REE 2014, 129, 141.
67 So Lüdemann/Ortmann, EnWZ 2014, 387, 391.
68 Vgl. dazu die Vorschläge des BDEW, Vorschläge für eine grundlegende Reform des EEG, 2013, S. 14; und des Sachverständigenrats für Umweltfragen, Den Strommarkt der Zukunft gestalten, 2013, S. 6.

Das Ausschreibungsmodell als Mittel zur Markt- und Systemintegration erneuerbarer Energien – Anforderungen an die Auktionierungsverordnung

Fabian Schmitz-Grethlein

Mit der Weiterentwicklung der Direktvermarktung und der Einführung der Mengensteuerung im EEG 2014 ist ein weiterer sinnvoller Schritt hin zu einer weitergehenden Marktsystemintegration erneuerbarer Energien gegangen worden.

Im EEG 2014 ist in § 88 die Durchführung eines Pilotprojekts für die Ausschreibung der Förderung bei Freiflächenphotovoltaik vorgesehen. Mit dieser Pilotausschreibung soll die Umstellung der Förderung der erneuerbaren Energuen auf ein Ausschreibungsmodell vorbereitet werden, die in den beschlossenen Leitlinien für Umwelt- und Energiebeihilfen vom April 2014 vorgeschrieben ist.

1. Stand und Probleme des Ausbaus erneuerbarer Energien

Zunächst stellt sich die Frage, weshalb überhaupt die Stromproduktion aus erneuerbaren Energien gesondert gefördert wird. Bei Inkrafttreten des EEG 2000 lag der Anteil der Stromerzeugung aus erneuerbaren Energien bei knapp sieben Prozent, mittlerweile sind es fast 25 Prozent. Das ist ein für einen Markt gravierender Einschnitt. Das EEG hat entscheidend zur Markteinführung erneuerbarer Energien beigetragen und diese Markteinführung sehr erfolgreich geschafft. Heute ist aber ein Punkt erreicht, an dem es mit der Markteinführung vorbei ist. Entscheidend für die Zukunft des Energiesystems insgesamt und wesentliche Grundlage des EEG 2014 ist die stärkere Marktintegration der erneuerbaren Energien. Dabei bestehen zwei massive Probleme, die der hohe Anteil erneuerbarer Energien an der Stromerzeugung hervorgerufen hat. Zum einen ist dies die deutlich gestiegene EEG-Umlage. Ausgangspunkt der EEG-Novelle des Jahres 2014 war daher der Ansatz, die Strompreise zu senken. Auch wenn dies voraussichtlich mit dem beschlossenen Gesetzeswerk nicht gelingen wird, so erscheint es durchaus möglich, den Anstieg ein wenig zu dämpfen und vor allem eine Marktintegration herbeiführen, die langfristig dazu führt, dass der Ausbau verträglicher für das Gesamtsystem ist. Das zweite Problem, das sich aus dem System der Einspeisevergütung ergibt, ist das damit verbundene "produce and forget". Dies bedeutet kurz gesagt, dass Betreiber von Erneuerbaren-Energien-Anlagen Strom produzieren, wenn die Sonne scheint oder der Wind weht, und speisen ihn in das Netz ein, ohne Rücksicht darauf zu nehmen, ob aktuell eine Nachfrage nach Strom besteht oder gar negative Börsenstrompreise herrschen. Das hat dazu geführt, dass die Strompreise massiv gesunken sind. Man könnte sagen, dass dies ein positiver Effekt für den Verbraucher ist, was aber nicht zutrifft, da sich die Einspeisung bei negativen oder sehr niedrigen Börsenstrompreisen massiv auf die Höhe der EEG-Umlage auswirkt, da das Delta zwischen der Vergütungszusage, die zwingend auszuzahlen ist und dem zu erzielenden Preis an der Strombörse immer größer wird. Der ganze restliche Energiemarkt, also die 75 Prozent konventioneller Erzeugung, leiden aber massiv unter den gesunkenen Strompreisen, was sogar zu einer Gefährdung der Versorgungssicherheit führt.

Auch die Stromnetzinfrastruktur, insbesondere auf der Ebene der Verteilnetze, ist von den gravierenden Veränderungen im Energiemarkt betroffen. Der massive Zuwachs erneuerbarer Energien, der in der Vergangenheit komplett ungesteuert verlaufen ist, führt jetzt auf der Verteilnetzebene zu massiven Problemen. Deshalb bedarf es einer intensiven Debatte über die Veränderung bei der Anreizregulierung und den Netzentgelten, die der neuen Funktion der Netze als Ein- und Ausspeisenetze Rechnung trägt. Die hierfür erforderlichen Veränderungen in der Infrastruktur müssen sich sowohl im Rahmen der Anreizregulierung als auch bei der Gestaltung der Netzentgelte niederschlagen.

Nicht zuletzt deshalb haben die die Bundesregierung tragenden Parteien in ihrem Koalitionsvertrag formuliert, von der Markteinführung zur Marktintegration der erneuerbaren Energien kommen zu wollen. Zusammengefasst ist dies in dem programmatischen Satz: „Die erneuerbaren Energien sollen perspektivisch ohne Förderung am Markt bestehen." Dies ist als Zielsetzung sicher richtig, tatsächlich ist es aber noch ein weiter Weg.

2. Europäische Rahmenbedingungen

Den wesentlichen Rechtsrahmen für die Förderung erneuerbarer Energien auf europäischer Ebene sind die aufgrund der Zuständigkeit der EU-Kommission für das Beihilferecht erlassenen Leitlinien für Energie- und Umweltbeihilfen. Daraus ergibt sich, dass ab dem Jahr 2016 Hilfen nur noch als eine Prämie auf den Marktpreis im Zusammenhang mit einer Direktvermarktung zulässig sind. Ab 2017 muss dies zudem in einem wettbewerblichen Verfahren auf Basis klarer, transparenter und nicht diskriminierender Kriterien erfolgen.

Zunächst stellt sich die Frage, welcher Rechtsnatur die Beihilfeleitlinien sind und ob diese rechtlich bindend sind. Bei den Leitlinien handelt es sich um eine Auslegungshilfe für die Kommission zur Prüfung der beihilferechtlichen Zulässigkeit nationaler Beihilfen. Das ließe darauf schließen, dass diese nur verwaltungsintern gelten und damit keine Bindungswirkung entfalten. Dennoch ist eine Bindung der Kommission faktisch gegeben, d. h. wenn die Kommission das EEG prüft, wird sie sich an diesen Beihilfeleitlinien orientieren. Sofern die Regelungen nicht in Übereinstimmung mit den Beihilfeleitlinien sind, wird die Kommission die Notifizierung verweigern, was dazu führt, dass eine Auszahlung nicht erfolgen darf und der Fördermechanismus insgesamt angewendet werden kann.

Aufgrund der Beihilfeleitlinien hat die Bundesregierung im EEG 2014 zunächst ein Pilotprojekt angelegt, aber auch schon deutlich gemacht, dass ab dem 01.01.2017 die Förderhöhen im Wettbewerb ermittelt werden sollen. Um Verfahren, Techniken und auch Parameter zu erproben, wird es ein Pilotprojekt geben.

3. Grundstruktur und Vorteile eines Auktionsmodell

Das politische Ziel der Erreichung der EEG-Ausbauziele steht am Ausgang jeder Überlegung zur Gestaltung der Förderung erneuerbarer Energien. Diese Ausbauziele werden (nach Technologie, ggf. Region) an einen Auktionator gegeben. Im Falle des Pilotprojekts: 400 MW Freiflächenphotovoltaik. Die Investoren geben ihre Gebote, die sich daran orientieren, welche Unterstützung – neben den erwarteten Erlösen aus der Direktvermarktung – erforderlich ist, um die entsprechende Kapazität zu errichten. Die Angebote werden solange – angefangen bei dem geringsten Gebot – zugeschlagen, bis die zu auktionierende Menge vergeben ist. Sodann wird die Anlage gebaut und der Anteil erneuerbarer Energien erhöht sich entsprechend der Ausbauziele.

Durch das Ausschreibungsmodell wird sichergestellt, dass es zu effizienterer Förderung kommt. Das liegt vor allem daran, dass der Förderbedarf eben nicht mehr, wie es im bestehenden Regime der Fall ist, staatlicherseits im Bundestag festgelegt wird. Im EEG 2012 lag der entsprechend festgelegte Vergütungssatz bei 18-19 ct/kWh im Rahmen der Einspeisevergütung des anzulegenden Wertes. Dieser Wert ist jedoch unelastisch, eine Veränderung und Anpassung erfordert immer ein Gesetzgebungsverfahren, das immer zu zeitlichen Verzögerungen führt. Bei jeder Kostendegression, die es im Bereich der erneuerbaren Energien massiv und permanent gibt, insbesondere im Bereich der Photovoltaik, aber auch für Wind und Biomasse, läuft das Gesetz immer hinterher, was dazu führt, dass es in diesen Zwischenzeiten zu erheblicher Überförderung kommt. Im Ausschreibungsverfahren ist das anders, da sich die Förderhöhe an dem tatsächlichen und aktuellen Förderbedarf orientiert.

Damit besteht die Möglichkeit, Kostensenkungspotentiale zu heben, die unmittelbar auf die Kosten der EE-Förderung durchschlagen. Durch den Wettbewerbsdruck wird es einen Druck auf die Margen geben – nach wie vor so, dass es gerade im Bereich der Windenergie erhebliche Margen bei den Verpächtern der Grundstücke und bei den Projektierern gibt.

Schlussendlich hat das Ausschreibungsmodell den Vorteil, dass es – wie oben unter 2. dargestellt – europarechtskonform ist.

4. Die Ausschreibung in der EEG-Novelle

Ziel des EEG 2014 ist es, für die Erprobung eines Ausschreibungsverfahrens im Bereich der Freiflächenphotovoltaik ein Pilotverfahren durchzuführen, um Erfahrungen zu sammeln. Spätestens 2017 soll ein Ausschreibungsmodell für alle erneuerbaren Energieträger gelten.

Das heißt, im Zeitraum von 2014-2017 wird es zwei unterschiedliche Systeme der Förderung geben: Zum einen die Freiflächenphotovoltaik mit dem Pilotprojekt der Ausschreibung, zum anderen alle weiteren Erzeugungstechnologien mit der Marktprämie und der Direktvermarktung bzw. Einspeisevergütung in Ausnahmefällen.

a. Ausgestaltung des Ausschreibungsmodells

Die Kernaussage zum Ausschreibungsmodell ist in § 55 EEG 2014 geregelt. Daraus ergibt sich, dass die Bundesnetzagentur im Rahmen von Ausschreibungen die finanzielle Förderung für Strom aus Freiflächenanlagen ermitteln soll. Weitere Details enthält die Vorschrift dahingehend, dass die Bundesnetzagentur die Ausschreibung koordinieren, bekannt machen und die Ergebnisse veröffentlichen muss, dass die Förderberechtigung durch Zuschlag erteilt oder zugeordnet werden kann, dass die Errichtung im Bereich eines Bebauungsplanes stattfinden muss und dass der Strom ins Netz eingespeist werden muss. Die Einzelheiten sollen laut § 88 EEG 2014 in einer Rechtsverordnung geregelt werden. Inhaltlich hat der Gesetzgeber zudem in § 2 Abs. 5 EEG 2014 eine weitere programmatische Setzung vorgenommen, nämlich das Gebot der Akteursvielfalt.

aa. Verfahren und Inhalt der Ausschreibung

Der erste und einer der entscheidenden Punkte ist die Frage des Verfahrens und des Inhalts der Ausschreibung. Die Ausschreibung könnte sich sowohl auf installierte Leistung, als auch auf Arbeit beziehen. Es ist also möglich, entweder die Errichtung von zum Beispiel 50 MW auszuschreiben oder einen Zuschlag pro erzeugter kWh über einen bestimmten Zeitraum.

An diesem Punkt wird eine Unstimmigkeit in den energiepolitischen Zielsetzungen deutlich. Einerseits bezieht sich das Langfristziel der Bundesregierung, 80 Prozent erneuerbarer Energien an der Stromerzeugung auf die insgesamt produzierte Arbeit, also kWh, während auf der anderen Seite die Ausbauziele im EEG 2014 auf Kapazität, also installierte Leistung bezogen sind. Die Ausbauziele sagen, dass jedes Jahr 2,5 GW Wind und 400 MW Freiflächenphotovoltaik zugebaut werden sollen. Das hat ganz erhebliche Auswirkungen auch auf systemische Effekte. Der VKU hält es für sinnvoller, auf Kapazität zu setzen. Damit wird den Anlagenbetreibern der Anreiz genommen, möglichst viel einzuspeisen ohne Rücksicht auf Systemdienlichkeit. „Produce and forget" würde schlicht keinen wirtschaftlichen Vorteil mehr bieten.

bb. Losgrößen

Eine weitere Frage, die entschieden werden muss, ist die Frage der Losgrößen. Dabei stellt sich die Frage, ob Mindest- oder Maximalgrößen festgelegt werden sollen. Auch die Preisbildung wirft Fragen auf: Soll ein Einheitspreis in Höhe des letzten bezuschlagten Gebots für alle erfolgreichen Bieter festgelegt werden (uniform pricing) oder jeder die von ihm gebotene Förderhöhe erhalten (pay-as-bid). Weiter stellt sich die Frage von Bieterrunden, nämlich ob es eine ab- oder aufsteigende Auktion (sog. descending/ascending clock) geben soll. Das alles sind Fragestellungen, die diskutiert werden müssen und die Konsequenzen darauf haben, welche Marktakteure an der Ausschreibung mit welchem Erfolg teilnehmen können.

cc. Anforderungen und Präqualifikationskriterien

Ein weiterer ganz wesentlicher Punkt, der in der Rechtsverordnung geregelt werden muss, ist die Frage, welche Anforderungen an die Teilnehmer der Auktion gestellt werden. Dabei stehen zwei Fragestellungen im Zentrum. Die erste ist die Qualifikation des Bieters: Bedarf es einer bestimmten Verlässlichkeit des Bieters, muss die finanzielle oder wirtschaftliche Tragfähigkeit des Bieters nachgewiesen werden und wie soll das geschehen? Und andererseits ist die Frage, ob ein bestimmtes Projekt bezuschlagt wird. Daraus resultiert die Frage, ob und welche Anforderungen an den Entwicklungsstand eines Projekts gestellt werden müssen. Muss etwa bereits ein Bauvorbescheid vorliegen, um überhaupt in die Auktion gehen zu können? Oder soll von einem konkreten Projekt abstrahiert werden und schlicht ein Vergütungsrecht für eine bestimmte Leistung auktioniert werden, ohne dass es auf den Ort der Umsetzung ankommt, solange man der Verpflichtung zur Errichtung einer entsprechenden Anlage nachkommt. Die Antworten auf diese Fragen haben Auswirkungen darauf, welche – vor allem finanziellen – Risiken mit dem Ausschreibungsmodell für die Teilnehmer verbunden sind, welche Vorlaufkosten einfließen und letztlich darauf, welche Akteure sich eine Teilnahme an diesen Auktionen leisten können.

Dabei besteht auch die Gefahr, dass das Ausschreibungsmodell aufgrund der Einpreisung des zusätzlichen Auktionsrisikos erst einmal teurer wird. Der Markt ist ein zusätzliches Risiko. Aber wenn man an den Markt will, dann ist zusätzliches Risiko immanent, man kommt nicht ohne aus. Einerseits einen Markt haben zu wollen und andererseits jedes Risiko abschirmen zu wollen - wie es bei der Einspeisevergütung ist -, ist ein Widerspruch, der nicht aufzulösen ist. In der Einspeisevergütung tragen die Anlagenbetreiber weder ein Preis- noch ein Investitionsrisiko, denn es gibt eine umfassende Abschirmung. Das ist auch der Grund, weshalb viele Banken die Einspeisevergütung vorziehen. Mit der Auktionierung ist die sichere Welt der Einspeisevergütung mit sicheren Einkommensströmen über 20 Jahre vorbei. Das einzige Risiko, das bei der Einspeisevergütung besteht, ist, dass die Anlage nicht produziert, wobei man dies leicht über 20 Jahre berechnen kann.

Lösungen für diese zusätzlichen Risiken zu gestalten, ist eine weitere Aufgabe bei der Parametrisierung der Ausschreibung.

dd. Kriterien der Zuschlagserteilung

Weiter ist zu fragen, ob der Zuschlag schlicht aufgrund des Preises erfolgen soll oder ob andere Kriterien hinzutreten sollen. Denkbar wäre es, etwa die Distanz zum nächsten Netzverknüpfungspunkt oder regionale Besonderheiten einzubeziehen. So ist dies beispielsweise bei der holländischen Auktionierung von Offshore-Windenergie gehandhabt worden. Dort war die Vergütung davon abhängig, wie weit die Anlage vom Land entfernt war. Das hat dazu geführt, dass das System völlig kostenineffizient ist, weil die Anlagen sehr weit draußen gebaut wurden und somit mehr Förderung erhalten haben. Dies ist ein klassischer Fehler in der Parametrisierung. Derartige Fehler können bei gründlicher Analyse der Fehler vermieden werden.

ee. Pönalen

Das Thema Pönalen stellt die Kehrseite zu den Präqualifikationskriterien dar. Dabei steht die Frage im Mittelpunkt, was passiert, wenn ein ersteigertes Vergütungsrecht nicht genutzt wird, etwa weil sich der Bieter verkalkuliert hat. Würde es in einem solchen Fall keine Pönalisierung geben, muss davon ausgegangen werden, dass viele nicht auskömmliche und spekulative Gebote erfolgen würden, was die Realisierungswahrscheinlichkeit senkt und damit die Erreichung der Ausbauziele gefährdet. Auch hierzu liegen Erfahrungen aus anderen Staaten vor. Andererseits kann eine zu hohe Pönale dazu führen, dass Marktteilnehmer abgeschreckt werden, was wiederum dem Ziel der Akteursvielfalt zuwider laufen würde. Deswegen muss man sehr genau abwägen, wie eine Pönale ausgestaltet wird. Dabei muss auch die Wechselwirkung zu den oben betrachteten Präqualifikationskriterien einbezogen werden. Je weiter ein Projekt bereits entwickelt ist, desto geringer ist die Gefahr eines Scheiterns.

Und schließlich stellt sich die Frage der Übertragbarkeit von Förderrechten: Wenn eine Förderberechtigung übertragen werden kann, kann damit auch das Risiko in eine Pönale zu laufen reduziert werden. Es könnte ein Sekundärmarkt für Förderrechte entstehen, an dem diejenigen Anlagenbetreiber, die in der Auktion nicht zum Zuge gekommen sind, Vergütungsrechte (im Zweifel zuzüglich eines Handgeldes) und damit Bauverpflichtungen zur Vermeidung der Pönalenzahlung übernehmen könnten.

ff. Flächenkulisse

Und zuletzt ist die Frage der Flächenkulisse ausdrücklich in § 88 EEG 2014 eröffnet worden. Derzeit stehen nur bestimmte Flächen überhaupt für eine geförderte PV-Freifläche zur Verfügung, nämlich entlang von Verkehrswegen sowie Konversionsflächen. In der Verordnungsermächtigung des § 88 EEG 2014 ist angelegt, dass die Flächenkulisse erweitert werden kann. Das heißt, man könnte zusätzlich zu den derzeit vorgesehenen Flächen auch auf landwirtschaftliche oder sonstige Nutzflächen Anlagen bauen und für diese eine Förderung erhalten. Damit würde sich der gesamte Markt verändern, da plötzlich ganz andere Akteure (Landwirte, Flächeneigentümer) mit im Spiel wären. Dies hätte sicherlich positive Aspekte für die Akteursvielfalt und sollte deswegen auch in der Rechtsverordnung geregelt werden.

gg. Zwischenfazit

Insgesamt lässt sich feststellen, dass die Rechtsverordnung einen ausgesprochen weiten Spielraum für die Gestaltung auch über die Regelungen des EEG hinaus eröffnet. Deswegen kommt es auf eine möglichst gute Ausgestaltung der Auktionierungsverordnung an. Das Bundeswirtschaftsministerium hatte bereits im März 2014 zu einem ersten Workshop zur Ausgestaltung der Auktionierung eingeladen – zu diesem Zeitpunkt lag noch nicht einmal ein Gesetzentwurf vor. Das ordentliche Tempo, das dort vorlegt wird, ist richtig und gut, es darf aber darüber nicht vergessen werden, dass eine ganze Reihe von sehr komplizierten Fragen zu klären ist.

b. Kritik am Ausschreibungsmodell

Es soll an dieser Stelle nicht verheimlicht werden, dass es – insbesondere bei den Verbänden der erneuerbaren Energien, aber teilweise auch bei Energieversorgern – erhebliche und teils sehr grundsätzliche Kritik an einem Ausschreibungsmodell gibt. Zum einen wird vorgetragen, dass Ausschreibungsmodelle kleinere Akteure und Bürgergesellschaften grundsätzlich benachteiligen. Andere betonen, dass viele Länder weltweit schlechte Erfahrungen mit Ausschreibungen gemacht hätten und man die Finger davon lassen solle. Andere sagen, dass die Investoren im Ausschreibungsmodell hohe Risiken tragen müssten. Andere wiederum meinen, dass man hohe Transaktions- und Finanzierungskosten durch die Risikoaufschläge zu erwarten habe. All das wird auch gegenwärtig vorgetragen und steht letztlich in Verbindung mit den Erwartungen an ein Ausschreibungsmodell. Es gleicht der Quadratur des Kreises, wenn man einerseits möglichst günstig sein, andererseits ein nach wie vor sehr ehrgeiziges Ausbauziel erreichen und drittens den Programmsatz der Akteursvielfalt wahren will. Das sind erst einmal drei Ziele, die eigentlich nicht zusammenpassen und diese Schnittmenge gibt es im ersten Augenblick eigentlich nicht. Die Aufgabe der Ausgestaltung der Auktionierungsverordnung wird es sein, genau dies zusammenzubringen.

c. Abwägungsfragen zum Auktionsdesign

Es liegt dementsprechend ein Zielkonflikt zwischen maximaler Effizienz und damit möglichst geringen Kosten und einer möglichst differenzierten Zielerreichung mit Ausbau- und Beteiligungszielen vor. Dieser Zielkonflikt muss im Rahmen der Diskussion um ein Auktionsdesign offen thematisiert werden. Klar ist dabei, dass jede über die Kosteneffizienz hinausgehende politische Zielsetzung (wie beispielsweise die Akteursvielfalt) zu höheren Kosten führt. Über diese zusätzlichen Kosten, die über die EEG-Umlage von allen Verbrauchern zu tragen ist, muss die Politik entscheiden.

Hier muss sich die Politik ehrlich zeigen und akzeptieren, dass nicht der beste Ausbau zum günstigsten Preis mit der größten Akteursvielfalt zu bekommen ist. Jeder Aspekt, der politisch in die Waagschale gelegt wird, hat ein Preisschild, dessen Benennung eine der wesentlichen Herausforderungen des Pilotprojekts sein wird.

d. Erfahrungen

Dabei müssen auch die Erfahrungen mit Auktionsmodellen in anderen Ländern einbezogen werden. Die These, dass alle diese Erfahrungen aber negativ waren, wie häufig kolportiert wird, ist aber nicht zutreffend. Letztlich hat eine umfassende wissenschaftliche Auswertung hierzu schlicht noch nicht stattgefunden. Selbst die große Studie zu der Frage der Auktionierung des IZES besagt letztlich, dass es wenig Literatur und Auswertungen gibt. Die Studie stützt sich deshalb in Teilen auf Telefonate mit Marktakteuren, deren Sicht naturgemäß eine subjektive und ggf. interessengeleitete ist. Eine kürzlich veröffentlichte Studie von Frontier Economics ergibt, dass sehr unterschiedliche Erfahrungen gemacht worden sind. Aus diesen Erfahrungen – unabhängig davon, ob im Ergebnis positiv oder negativ – muss gelernt und daraus für die Ausgestaltung des Auktionsmodells die richtigen Konsequenzen gezogen werden.

Auch aus anderen Bereichen des Wirtschaftslebens sind Auktionen als Mittel des Wettbewerbs um Rechte bekannt. Das bekannteste, aber nicht einzige Beispiel sind die Versteigerungen der UMTS-Lizenzen gewesen. Die Milliardenbeträge, die dort erzielt wurden, haben letztlich dazu geführt, dass zwei dieser Lizenzen zurückgegeben und nicht umgesetzt wurden. Dies beruhte auf einem Fehler im Ausschreibungsdesign, aus dem gelernt werden kann und Konsequenzen gezogen werden müssen.

5. Erfolgsfaktoren

Zum Schluß soll im Folgenden versucht werden, fünf wesentliche Erfolgsfaktoren herauszuarbeiten, die bei der Ausgestaltung der Auktionierungsverordnung beachtet werden müssen.

Das erste sind *transparente und verlässliche Regelungen*. Es kommt darauf an, deutlich zu machen, dass das Ausschreibungsverfahren ein Ordnungsrahmen ist, mit dem man rechnen kann. Nur wenn die Marktakteure auf einen festen Ordnungsrahmen vertrauen können, beteiligen sie sich an dem Markt und damit an den Auktionen. Es muss transparent und nachvollziehbar sein, wie die Zuschlagsentscheidung zustande kommt, damit man die Chancen in einer Auktion abschätzen kann.

Weiterhin muss die *Ausschreibung regelmäßig* durchgeführt werden, damit die potentiellen Bieter schon in der Projektierungsphase wissen, zu welchen Zeitpunkten Auktionierungen stattfinden und damit Gewissheit über eine Förderung besteht. Auch besteht bei regelmäßiger Wiederholung der Auktionen die Möglichkeit, bei der Kalkulation in der nächsten Ausschreibungsrunde nachzubessern und damit das Risiko des Verlusts der Planungskosten zu reduzieren.

Es muss einen *vorgegebenen Realisierungszeitraum* nach Zuschlagserteilung geben, um die Realisierung des Projekts und damit die Erfüllung der Bauverpflichtung, die mit dem Erwerb eines Vergütungsrechts einhergeht, zu überprüfen. Ansonsten besteht die Gefahr von Dumpingangeboten unseriöser Marktteilnehmer, die auf sinkende Kosten spekulieren und mit der Realisierung entsprechend lange warten. Damit aber würde die Erreichung der Ausbauziele konterkariert.

Auch deshalb bedarf es einer *Pönale bei Nichtrealisierung*. Diese muss so ausgestaltet werden, dass sie einerseits Spekulation verhindert, andererseits aber nicht eine große Zahl von Marktteilnehmern abschreckt.

Schließlich muss bei der *Auswahl der Präqualifikationskriterien* darauf geachtet werden, dass es nicht zur Oligopolbildung kommt. Die Balance zwischen einer möglichst großen Akteursvielfalt und der Beibehaltung von größtmöglicher Kosteneffizienz ist hierfür ganz entscheidend.

6. Ausblick

Das Pilotprojekt ist der erste Schritt zum umfassenden Systemwechsel, weg von der Einspeisevergütung hin zur Direktvermarktung und Ausschreibung. Noch im Jahr 2014 wird die Ausschreibungsverordnung nach § 88 EEG vorgelegt, die ersten Ausschreibungen sollen im Jahr 2015 durchgeführt werden. Auch darüber hinaus hat sich die Bundesregierung einen sehr ambitionierten Zeitplan gegeben. Denn bereits im Jahr 2015 soll dem Bundestag eine Evaluation vorgelegt und eine erste Konzeption für die Ausweitung der Ausschreibungen auf andere Technologien vorgelegt werden. Dies ist insofern kritisch zu betrachten, als sich im Jahr 2015 noch keinerlei Aussagen zur Realisierungswahrscheinlichkeit machen lassen, da der überwiegende Teil der Anlagen noch gar nicht errichtet sein kann.

In dem Konzept sollen bereits sehr klare Kriterien und Ziele festgelegt werden, um 2016 in die Gesetzgebung zum EEG 3.0 einzutreten. So ambitioniert dieser Zeitplan ist, so notwendig ist er, wenn die europarechtliche Vorgabe der wettbewerblichen Ermittlung der Förderhöhe zum 01.01.2017 umgesetzt werden soll.

Dieser Fahrplan zur Erarbeitung eines Ausschreibungsmodells ist ein sehr ehrgeiziges Projekt. Es ist zudem eins, das extrem kompliziert in der Parametrisierung ist und bei dem man viele Fehler machen kann. Deshalb müssen die in diesem Beitrag angesprochenen Fragestellungen gründlich analysiert werden, um möglichst viele von den drei Zielen, die der Gesetzgeber in das EEG geschrieben hat, zu verwirklichen. Dies wird auch deshalb in den Jahren 2015 und 2016 eine sehr interessante Debatte, weil sie an die grundsätzlichen Fragen der Marktintergration geht. Es wird schlussendlich zu der Frage kommen müssen, ob es perspektivisch zu einer wirklichen Marktintergration kommen kann oder es dauerhaft einen abgeschotteten und gegen zahlreiche Marktrisiken abgeschotteten „Markt" für erneuerbare Energien geben wird. Letzteres sollte in einem liberalisierten Strommarkt eigentlich nicht der Fall sein dürfen.

Neuerungen im Bereich der Windenergie

Kay Dahlke

Auch wenn wir hier ein Energie*recht*sgespräch führen, habe ich meinen Vortrag vorwiegend ökonomisch gestaltet. Im Prinzip geht es um die ökonomischen Auswirkungen der EEG-Novelle, gerade speziell für das Segment, in dem ich tätig bin, nämlich das Investment in erneuerbare Energien, insbesondere in Wind.

1. Vorstellung der Thüga Erneuerbare Energien GmbH & Co. KG (THEE)

Wir sind der Investmentarm der Thüga Gruppe für erneuerbare Energien. Die Thüga ist eine große Stadtwerke-Holding mit etwa 100 Stadtwerkebeteiligungen. Gesellschafter bei uns, der THEE, ist die Thüga selbst mit ungefähr sieben Prozent, darüber hinaus 45 Thüga Stadtwerke, die bei uns Kapital in Höhe von 135 Mio. Euro eingezahlt haben. Wir führen jedes Jahr Kapitalerhöhungen durch, sammeln also laufend neues Geld ein und investieren dieses in erneuerbare Energien. Wir haben in Moment 238 MW, wobei sich knapp 40 MW im Eigentum von Partnern befinden. Unser eigenes Portfolio liegt damit bei 200 MW. Unser Ziel ist es, bis zum Jahr 2020 ein Portfolio von 500 MW aufzubauen. Und daher sind wir natürlich ganz stark von der EEG-Novelle abhängig, insbesondere deswegen, weil wir im Moment nur in Deutschland investieren. Unsere Gesellschafter sind in ganz Deutschland verteilt, mit Schwerpunkt im Südwesten von Deutschland. Dies spiegelt auch ungefähr die Verteilung der Thüga Stadtwerke wider. Ziel unserer Investments ist es, den einmal erworbenen Bestand zu halten. Wir als Bestandshalter verkaufen nicht, sondern wir kaufen nur und als ausschüttende Gesellschaft werden Gewinne an die Gesellschafter ausgeschüttet. Neben dem klassischen Kauf von Windprojekten ist unser zweites Standbein eine eigene Projektentwicklung. Ich blicke also immer sowohl durch die Investorenbrille als auch die Projektentwicklerbrille. In der Entwicklung haben wir etwa 150 MW. Das erste selbstentwickelte Projekt ist gerade ans Netz gegangen und für das nächste Jahr haben wir eine Pipeline von 50 MW geplant, die wir umsetzen wollen, leiden aber im Moment ein wenig unter den hohen Preisen für Bestandswindparks.

Unser Portfolio ist vor allem in der Mitte von Deutschland angesiedelt. Als Investoren sehen wir eigentlich nie Projekte in Schleswig-Holstein, da diese die Bürger vor Ort selbst realisieren. Ebenso haben wir selbst keine Windparks in Baden-Württemberg oder Bayern, weil wir diese Regionen für sehr windschwach halten und daher die Renditen kaum ausreichen.

2. Die wesentlichen Änderungen des EEG 2014 aus Investorensicht

a. Direktvermarktung

Für uns ein wichtiges Thema ist die Direktvermarktung, zu der wir bereits einen juristisch geprägten Vortrag gehört haben. Ich werde daher versuchen, dieses Thema aus ökonomischer Sicht zu beleuchten.

Mit dem EEG 2012 gab es die Managementprämie, die am Anfang bei 12 Euro/MWh lag und zum Schluss auf 4 Euro/MWh gesunken ist. Der Höhe nach war dies immer so auskömmlich, dass sich die Direktvermarkter und die Bestandshalter diese Prämie je zur Hälfte teilen konnten. Als Bestandshalter hat man bislang die Hälfte dieser Managementprämie vereinnahmt, was sich sogar ein wenig gedreht hat, sodass man zuletzt sogar noch etwas mehr als die Hälfte bekommen hat. Das Managementprämienmodell hat aber auch dazu geführt, dass mittlerweile nahezu 85 Prozent aller Windparks in der Direktvermarktung sind. Im Photovoltaik-Bereich ist der Prozentsatz geringer. Aber gerade im Windbereich ist das stark angenommen und eine funktionsfähige Industrie aufgebaut worden. Natürlich gibt es immer einige Akteure, wie z.B. Infrastrukturfonds mit entsprechenden Regularien, die nicht in die Direktvermarktung gehen dürfen. Einige KG-Modelle und KG-Fonds machen das auch nicht, oftmals auch aus Haftungsgründen. Aber im Großen und Ganzen ist das Modell sehr gut angenommen worden.

Die Überleitung der Direktvermarktung auf die Direktvermarkter hat dann auch die ersten Auswirkungen gebracht. Am wichtigsten sind die Prognosen, da der Stromertrag Day-Ahead verkauft wird. Die Direktvermarkter oder früher die Übertragungsnetzbetreiber melden am Vortag an, was sie am nächsten Tag verkaufen wollen. Dabei ist es natürlich ganz wichtig, dass die Prognosen zutreffen, denn wenn sie nicht stimmen, und sie stimmen nie ganz, dann müssen sie nachjustiert werden. In der Regel werden am Ende des Handelstages die offenen Positionen durch den Kauf von negativer oder positiver Ausgleichsenergie ausgeglichen. Der Kauf von Ausgleichsenergie ist jedoch sehr teuer. Man kann aber auch im Intraday-

Handel nachjustieren, was die größeren Direktvermarkter auch alle machen. Prognosen sind daher sehr wichtig, und bevor es die Direktvermarkter gab, lag die Prognoseungenauigkeit im Schnitt bei fünf bis sechs Prozent. Jetzt ist sie auf drei Prozent gefallen. Bei der Prognose unmittelbar vor der Lieferung waren es vorher drei Prozent, jetzt sind es 1,5 Prozent. Das liegt z.T. daran, dass die Prognosen besser geworden sind, aber auch daran, dass den Direktvermarktern die Verfügbarkeiten gemeldet werden, wenn Wartungen oder Abschaltungen stattfinden. Dadurch ist eine massive Ersparnis eingetreten.

Die größten Kosten der Direktvermarkter sind die Kosten für die Ausgleichsenergie, über die Prognosefehler korrigiert werden, was im Wesentlichen im Intraday-Handel geschieht. Die großen Direktvermarkter ziehen im Laufe des Tages ihre Über- bzw. Unterposition glatt. Die Direktvermarkter, die sich komplett auf die Ausgleichsenergie stützen, die also am Ende des Tages abrechnen, werden sich auf Dauer nicht durchsetzen können, da die Kosten zu hoch werden.

Ab 2014 ist die verpflichtende Direktvermarktung unter Wegfall der Managementprämie eingeführt worden. Die Kosten für die Direktvermarktung sind nunmehr im EEG-Tarif inkludiert. Das heißt aber auch für uns als Investoren, dass man die Risikoimplikationen daraus viel stärker berücksichtigen muss als vorher.

Ich erkläre nochmals kurz das Modell, wie es nach dem EEG 2012 funktionierte: Den Stromerlös bekam man aus der Direktvermarktung und wird durch die Marktprämie, die gleitend ist, bis zum Tarif aufgefüllt. Das Thema ist für uns deshalb so interessant, weil der Marktwert ein Bundesdurchschnitt ist bzw. vom jedem Übertragungsnetzbetreiber für den Netzbereich ausgerechnet wird. Wie diese dabei vorgehen, ist deren Geheimnis, denn eigentlich sollte es ein Bundesdurchschnitt sein. Wahrscheinlich, so vermuten es zumindest die Direktvermarkter, beziehen sie ca. 100 Windparks in ihre Berechnung ein, von denen sie den monatlichen EEX-Erlös ausrechnen, auf den dann die gleitende Prämie gezahlt wird. Das Interessante ist nun der durchschnittliche Marktwert, also der Erlös an der EEX, der bei den einzelnen Windparks durchaus unterschiedlich sein kann, also nach oben oder unten vom Bundesdurchschnitt abweicht. Dieser entspricht daher nur in der Summe dem Bundesdurchschnitt, kann aber darüber oder darunter liegen – und das macht es für uns so interessant. Diese Differenzen können durchaus 1 ct mehr oder weniger betragen und es stellt sich die Frage, woran das liegt. Bei einer systematischen Abweichung könnte man gezielt die Windparks suchen, die einen höheren durchschnittlichen monatlichen Einspeisetarif haben und die meiden, die schlechter sind, denn 1 ct oder 2 ct plus oder minus im Verhältnis zu ca. 9 ct Einspeiseerlöse bedeuten schon über 20 %. Wenn man das auf den Gewinn hinunterrechnet, insbesondere die fixen Kosten wie die Darlehenszinsen auf das Projekt, ist man schnell im Schwankungsbereich von etwa 30 % auf den Ertrag und daher ist das für uns ein sehr wichtiges Thema.

Der individuelle Tarif kann folglich vom Bundesdurchschnitt abweichen. Über die Ursachen dafür haben wir uns lange mit den Direktvermarktern unterhalten. Fakt ist, dass der durchschnittliche Marktwert an der Westküste von Schleswig-Holstein niedriger ist als im Rest Deutschlands. Das lässt ein strukturelles Problem erkennen, und tatsächlich sinkt bei starkem Wind der Börsenpreis. Daher werden die Anlagen bevorzugt, die bei schwächerem Wind leistungsbereiter produzieren. Wer früher die Nennleistung erreicht, der erzielt höhere Erträge als eine Durchschnittsanlage. Auch wegen zahlreicher anderer Faktoren, z.B. ob Wartungsintervalle in eine Starkwindzeit oder in eine Schwachwindzeit fallen, kann es zu Abbrechungen kommen. Und die Direktvermarkter, die das größte Portfolio haben, lassen sich nicht dazu hinreißen, belastbare Tendenzaussagen abzuleiten. Für uns heißt das aber, dass die Investmententscheidung dadurch komplexer wird. Man muss viel detailliertere Untersuchungen anstellen, um zu sehen, wie sich die Marktpreise entwickeln. Durch die Direktvermarktung wird das Investment anspruchsvoller, da man mit dem EEG 2012 immer noch die Möglichkeit hatte, auf die Basis zurückzufallen, was bei den neuen Windparks nicht mehr möglich ist. Der zweite Punkt ist, dass die Risiken bewertet werden müssen. Welche Risiken in der Direktvermarktung bestehen, wurde schon angesprochen. Bisher bedeutete die auskömmliche Marktprämie, dass die Risiken ausschließlich von den Direktvermarktern getragen wurden. Als Investor, also Bestandshalter, musste man sich um die Risiken keine großen Gedanken machen. In Zukunft wird man für diese Dienstleistung bezahlen müssen. Direktvermarktung ist eine Dienstleistung, die sehr transparent ist und die dann zum einen über den Preis an den günstigsten Direktvermarkter vergeben wird, zum anderen über die Risiken, die der Bestandshalter oder Investor übernimmt. Und dieser Risiken muss man sich als Investor auch bewusst sein und sie bewerten. Ein Beispiel ist die Abschaltung bei negativen Preisen, die unter 65 Euro/MWh liegen. Da die gleitende Prämie in der Regel niedriger als 65 Euro/MWh ist, wird hier abgeschaltet. Bisher wurden diese Abschaltungsrisiken vollständig von den Direktvermarkter getragen. In Zukunft könnte es zu einer Risikoverlagerung kommen, weshalb man als Investor die Risiken genau kennen muss. Negative Strompreise spielten bisher keine sehr große Rolle, denn pro Jahr waren das weniger als 100 Stunden. Eine neue Studie von Agora Energiewende geht davon aus, dass dies auf über 1000 Stunden ansteigen könnte, und zwar nicht nur aufgrund des Windes, sondern aufgrund der Braunkohlekraftwerke. Deren Bestand liegt bei 20 GW Braunkohle, die schon abgeschrieben sind und immer weiter durchlaufen. Wenn der Verbrauch unter diese 20 GW fällt, kommt man in den negativen Bereich. Das ist ein Beispiel für ein Risiko, das man kennen, bewerten und mit dem man in Zukunft umgehen muss.

Der nächste Punkt der Direktvermarktung, das Counterpartrisiko betrifft letztendlich das Bonitätsrisiko des Direktvermarkters und war bisher immer vernachlässigbar. Wenn ein Direktvermarkter bisher Insolvenz anmelden musste, was nicht vorkam, so war dieser Gap von zwei Monaten, in denen man wieder in die EEG-Vergütung zurückfallen konnte, in der Regel durch Bankbürgschaften abgesichert. Das wird in Zukunft komplizierter: Ein Ausfallvermarkter wird 80 Prozent der Einspeiseerlöse auszahlen. Dadurch kann es zu Marktverwerfungen kommen und etwas länger dauern, bis man einen Direktvermarkter findet, was sich stark auf die Wirtschaftlichkeit der Investition auswirken kann. Auch bei den direkt finanzierenden Banken ist die Bonität des Direktvermarkters ein großes Thema. Die Banken sehen sich die Direktvermarkter an und akzeptieren nur noch solche, die eine ausreichend starke Bonität haben. Eigenkapitaleinschüsse können dann u.a. höher werden, da die Risiken auch höher werden.

Was bedeutet das für unsere Direktvermarktungsstrategie als Investor mit unseren 240 MW? Bisher gibt es ungefähr 100 Direktvermarkter, von denen zahlreiche regional tätig sind, bundesweit sind ca. 25 Direktvermarkter aktiv. Die Vergabe wird sich in der Zukunft wie bereits angemerkt am Preis und den übernommenen Risiken orientieren. Wir stellen im Moment einen massiven Preiswettbewerb bei den Direktvermarktern fest. Die Preise fallen derzeit, und nach unserer Einschätzung werden von den 25 bundesweit tätigen möglicherweise sieben bis zehn Vermarkter überleben, wobei ich nicht denke, dass die verbleibenden Insolvenz anmelden müssen, sondern von anderen Direktvermarktern integriert werden. Insolvenzen sind aber zumindest denkbar, was vor allem daran liegt, dass man als Direktvermarkter noch eine gewisse Qualität liefern muss, allein um die eigenen Kosten für Ausgleichsenergie zum Beispiel zu reduzieren. Benötigt wird ein Trading Desk, also einen 24 Stunden-Handel, der allein 1,5 Mio. Euro kostet. Diese Summe muss durch eine gewisse Basis an Bestand gedeckt werden, deren Untergrenze die Direktvermarkter selbst bei etwa 1500-2000 MW sehen. Diejenigen, die nachhaltig darunter liegen, werden die nächsten Monate bzw. das nächste Jahr wahrscheinlich nicht überleben. Deshalb ist unsere Prognose, dass die Preise im Jahr 2015 von momentan 1,30-1,40

Euro/MWh auf 1,20 Euro/MWh sinken werden, dann aber wieder ansteigen. Wir sind derzeit dabei, unser Portfolio zusammenzufassen und an ein bis zwei Direktvermarkter weiterzugeben und mit diesen langfristige Verträge abzuschließen.

b. Anzulegender Wert

Der anzulegende Wert ist relativ einfach zu ermitteln. Der Einspeisetarif sieht erst einmal besser aus. Nach dem EEG 2012 ist er von 8,66 ct auf 8,90 ct für das Jahr 2014 gestiegen. Wenn man allerdings die Boni nach dem EEG 2012 hineinrechnet, ist der Tarif für Windparks, die 2014 ans Netz gehen und unter das neue EEG fallen, nachhaltig um knapp 10 Prozent niedriger. Das ändert sich im Jahr 2015 wieder, worauf ich gleich noch eingehen werde.

Was bedeutet dieser geringere Einspeisetarif für uns als Investor? Letztlich sehen wir ihn als unkritisch an, weil wir die Projekte immer rückwärtsgerechnet mit einer bestimmten Rendite kaufen. Wir zahlen für einen Windpark, der einen Repowering-Bonus hat mehr, als für einen Windpark ohne Repowering-Bonus. Letztendlich geht also der minimal niedrigere Einspeisetarif in erster Linie zulasten der Verkäufer.

Wenn es an anderer Stelle hieß, dass die Projektentwickler starke Überrenditen erwirtschaften, so würde ich hier differenzieren. Das trifft in Norddeutschland zu, wo die Projektentwicklermarge bei einer 3 MW-Anlage zwischen 800.000 und 1,2 Mio. Euro liegt. In Süddeutschland sinkt sie aber schnell auf 200.000-300.000 Euro. Wenn man dann außerdem gegenrechnet, wie viele Projekte in Süddeutschland scheitern, so sehe ich hier in Süddeutschland keine Überrenditen. Stellschrauben sehen wir insbesondere bei den Pachten, wie schon angemerkt. Dabei erhalten nicht nur die Landwirte Pachten von mindestens 100.000 Euro für große Anlagens, sondern ebenso Forstbetriebe oder Kommunen. Die öffentliche Hand ist also genauso beteiligt wie die Landwirte. Auf die Umsatzerlöse gerechnet sehen wir in Baden-Württemberg Pachten von 13 Prozent.

Ertragssteigerungsmöglichkeiten bestehen auch bei der nächsten Anlagentechnologie. Im Moment werden die Türme immer höher und die Rotorendurchmesser immer größer. Die klassischen Schwachwindanlagen sind derzeit die Nordex N117 mit 117 m Rotordurchmesser, es werden aber auch Anlagen bis zu einem Rotordurchmesser von 131 m von Nordex bzw. 126 m von Vestas eingesetzt, aber dies sind nach unserer Auffassung auch die größten vorstellbaren Anlagen. Aber da der Ertrag in Bezug auf die Rotorfläche exponentiell wächst, werden Standorte, die vorher unrentabel waren, durch die neue Anlagentechnologie nun rentabel. Aus Investorensicht sehen wir diese temporäre Reduktion des Einspeisetarifs als unkritisch an. Das wird nach unserer Einschätzung nicht dazu führen, dass der Markt für Windprojekte austrocknet.

c. Atmender Deckel

Der atmende Deckel wurde schon an anderer Stelle erklärt. Die Standarddegression liegt bei -0,4 %, solange wir uns im Ausbaukorridor befinden. Wird der Ausbaukorridor von 2400 MW bis 2600 MW unter- oder überschritten, ändert sich die Degression, die steigen oder fallen kann. Oftmals sieht man im Rahmen der Risiken nur, dass die Degression ansteigen kann, wenn der atmenden Deckel überschritten wird. In mehreren Stufen kann das in der Tat auf -1,2 % pro Quartal absinken. Aber die Entwicklung kann auch nach oben gehen.

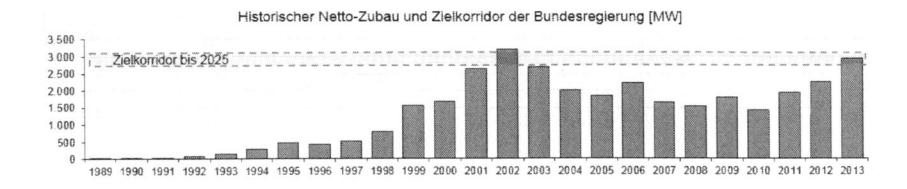

Historischer Netto-Zubau und Zielkorridor der Bundesregierung [MW]

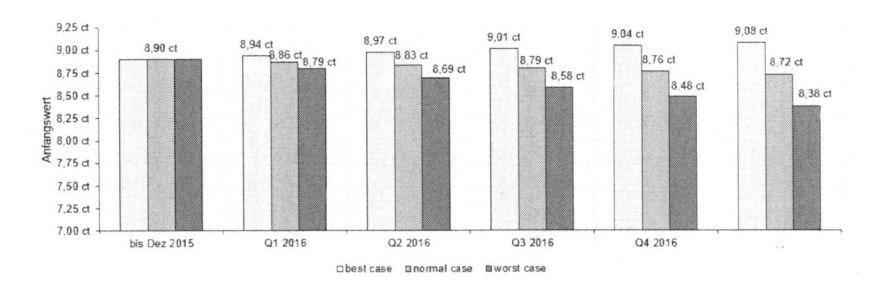

Auf dem Schaubild haben wir den historischen Netzzubau der letzten 25 Jahre dargestellt. Der kleine graue Streifen ist der Zielkorridor, wobei man sieht, dass dieser in der Vergangenheit nur einmal, nämlich 2002, überschritten wurde. Im Jahr 2013 wurden ziemlich genau 3 GW ausgebaut. Aber im Prinzip bewegen wir uns seit Jahren unterhalb des Zielkorridors und ich vermute, dass der Zielkorridor auch in Zukunft nicht maßgeblich überschritten wird.

Man sieht, dass eine Einschätzung des Einspeisetarifs wirklich kaum möglich ist, was es für die Projektentwickler schwer macht, da diese nicht kalkulieren können, in welchem Maße der Ausbau stattfindet. Wenn der Ausbaukorridor nicht erreicht wird, kann man ebenso durchaus noch Projekte weiterentwickeln, die in der normalen Entwicklung nicht wirtschaftlich gewesen wären. Das 4. Quartal 2016 weist schon eine Spreizung von 9,4 ct bis 8,48 ct auf, abhängig davon, wo man sich im atmenden Deckel befindet. Dabei ist es insbesondere für die Projektentwickler wirtschaftlich sehr schwer zu beurteilen, welche Projekte weiterverfolgt und welche abgebrochen werden sollen. Im Zweifel werden diese abgebrochen, weil Projektentwickler finanziell nicht stark genug dafür sind, viele Projekte zu entwickeln, die sie möglicherweise abbrechen müssen.

Was bedeutet der atmende Deckel für Investoren? Es besteht zunächst eine größere Unsicherheit wegen der quartalsweisen Degression, die wir schon aus dem Photovoltaik-Bereich kennen. Im Windbereich ist dies aber neu, da die Entwicklungsphasen hier erheblich länger als im PV-Bereich sind, sodass es schwierig ist, eine Punktlandung zu erzielen. Man wird in Zukunft viel vorsichtiger planen müssen: Die Projekte müssen noch wirtschaftlich sein bei ein bis zwei Quartalen Sicherheit. Ein anderer Punkt ist, dass wir in der Vergangenheit, wenn wir Kaufverträge abgeschlossen haben, die Risiken aus der Degression in der Regel auf die Projektverkäufer abwälzen konnten. Das Risiko, dass ein Projekt erst nach dem 31.12. in Betrieb genommen wird, wurde in der Regel vom Projektentwickler getragen, das heißt der Kaufpreis reduziert sich entsprechend, wenn es zu solch einem Ereignis kommt. Das ist Marktstandard und regelmäßig haben die Projektentwickler Rückgriffsmöglichkeiten auf die Windanlagenhersteller gehabt. Ob das auch in Zukunft so sein wird, muss man sehen und es ist schwierig, eine Prognose abzugeben. Es handelt sich dabei um eine Frage der Marktmacht, nämlich ob der Verkäufer oder der Käufer stärker ist. Ich kann mir vorstellen, dass die normale Degression in Höhe von -0,4 Prozent pro Quartal, durchaus weiter von den Verkäufern getragen werden, aber die Risiken aus dem atmenden Deckel möglicherweise in Zukunft durch die Käufer getragen werden müssen. Diese quartalsweise Degression ist auch für die Banken kritisch, die Sicherheiten einbauen werden. Die Regelungen des EEG 2014 laufen alle darauf hinaus, dass die Banken ihren Save-Heaven verlassen müssen, was für sie in diesem Bereich neu ist. Das wird letztlich dazu führen, dass die Eigenkapitalforderungen höher werden. Zu Spitzenzeiten konnte man Projekte mit fast 85 Prozent Fremdkapital finanzieren. Wir haben immer schon mit maximal 75 Prozent Fremdkapital finanziert, aber ich kann mir vorstellen, dass es in Zukunft auf 70 Prozent Fremdkapital abfällt, sodass man als Investor 30 Prozent Eigenkapital einbringen muss.

d. Referenzertragsmodell

Das Referenzertragsmodell existierte schon immer und bisher war es so ausgestaltet, dass man es nicht gemerkt hat. Üblicherweise wurde bei Windprojekten mit 20 Jahren gerechnet. Der Referenzertrag ist seit 2001 immer gleich normiert: Eine Anlage erzielt einen Referenzertrag in Höhe von 100 Prozent bei 30 m Nabenhöhe und einer Windgeschwindigkeit von 5,5 m/s. Derartige Anlagen gibt es aber heute nicht einmal mehr annähernd. Hochgerechnet auf heutige Anlagen bedeutet das eine Nabenhöhe von ungefähr 150 m an 100 Prozent-Standorten und etwas über oder knapp unter 8 m/s. Solche Standorte findet man jedoch nicht mehr und 100 Prozent-Standorte sind relativ selten geworden. Nach dem EEG 2012 hatte man nur einen Anspruch auf fünf Jahre Ruhevergütung, die dann verlängert wurde, wenn der Betrag niedriger als 150 Prozent war und zwar in Zweimonatsschritten bei jeder 0,75 Prozent-Reduktion. 150 Prozent-Standorte sind im Moment undenkbar und es gibt sie eigentlich nicht. Nach dem neuen EEG ist die Obergrenze auf 130 Prozent herabgesetzt worden, die Werten von Windparks in Schleswig-Holstein nahekommen. Es ist durchaus denkbar, dass ein Windpark heutzutage nur fünf Jahre die hohe Vergütung bekommt. Der Anpassungsfaktor ist zweigeteilt, das zweistufige Anpassungsverfahren sieht man hier noch einmal.

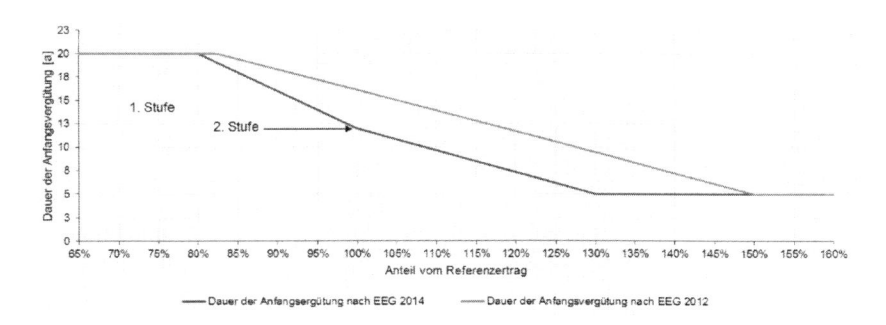

Von 130-100 Prozent ist die Verlängerung etwas kürzer als bei 100-82 Prozent. Das hat zur Folge, dass die windstarken Standorte zwischen 130 und

100 Prozent im Grunde noch stärker benachteiligt werden und damit tendenziell eine noch kürzere Förderdauer haben.

Was bedeutet die tendenzielle Verkürzung der EEG-Vergütungsdauer für Investoren? Nach dem EEG 2012 waren Standorte, die nachhaltig unter 20 Jahren vergütet werden, selten. Nach dem EEG 2014 wird das durchaus vorkommen, was zusätzliche Unsicherheiten mit sich bringt. Dann muss kalkuliert werden, was man erhält bei einer Vermarktung oder dem Ansetzen der niedrigeren Vergütung. Auch die windstarken Standorte sind massiv in der Rendite beschnitten. Das klingt dramatisch und das ist es auch für die Bürgerwindparks in Schleswig-Holstein, aber weniger für Investoren, denn wir kennen solche Standorte nicht. Ich kaufe seit 10 Jahren Windparks und mir wurde noch kein Windpark in Schleswig-Holstein angeboten. Die klassischen Investorenländer sind die Ostdeutschen Bundesländer (Brandenburg, Sachsen-Anhalt, Thüringen usw.), die eigentlich alle im 80 Prozent-Bereich liegen. Das neue Referenzantragsmodell trifft die Investoren nicht so stark wie die Bürgerwindparks. Ich sehe für uns sogar Vorteile dadurch, dass die Windparks in Schleswig-Holstein wieder ertragsschwächer werden und daher mehr Eigenkapital brauchen, sodass sich der Markt für Investoren dort ein wenig erweitern wird. Das ist allerdings eine zweischneidige Argumentation. Wir haben auch für unser Portfolio von 238 MW durchgerechnet, wie lange die Förderung der hohen Vergütung erfolgt wäre, wenn wir die Windparks nach dem neuen EEG 2014 gekauft hätten, im Vergleich zur Situation nach dem EEG 2012. Von den 19 Windparks, die wir haben, sind nur 4 davon betroffen, dass die Förderung nach dem neuen EEG 2014 kürzer wäre. Das sind insgesamt 13,4 Prozent unseres Portfolios und die Verkürzung der Vergütungsdauer wäre 1 Jahr und 9 Monate. Wenn man davon ausgeht, dass wir ein klassisches Investorenportfolio haben, sieht man anhand eines Praxisbeispiels, dass die Investoren von der Verkürzung der Förderdauer durch das neue Referenzertragsmodell kaum betroffen sind.

e. Sonstiges

Das Ausschreibungsverfahren, das auch schon umfangreich dargestellt wurde, ist für uns die größte Herausforderung. Wir sehen ganz erhebliche Chancen für kapitalstärkere Investoren durch die finanziellen Risiken in der Projektentwicklung. Eine Ausschreibung ist nur sinnvoll, wenn auch Projekte scheitern können, wenn also für weniger Projekte ein Zuschlag erteilt wird, als ins Ausschreibungsverfahren gehen. Die Projektentwickler müssen davon ausgehen, dass nicht alle Projekte, die sie fertig entwickelt haben, in die Umsetzung gehen.

Ein Punkt, der noch nicht angesprochen wurde, ist, dass die Modelle in der Regel so sind, dass man schon eine Sicherheit stellen muss, wenn man einen Zuschlag im Ausschreibungsverfahren erhält. Auch die Projektentwickler sind ganz massiven finanziellen Belastungen ausgesetzt, wenn sie in die Ausschreibungsverfahren gehen. Wir sehen als Investor mit Projektentwicklungs-Knowhow sehr gute Chancen, die Projektentwickler anzubinden und frühzeitig mit in die Projekte einzusteigen, wenn dies zulasten ihrer Rendite ginge.

Der kritische Punkt der EEG-Novelle, der eigenartigerweise in der Öffentlichkeit so gut wie nicht diskutiert wurde, ist die 10H-Regelung von Horst Seehofer (§ 249 BauGB), nach der die Bundesländer die Ermächtigung haben, die Abstände der Windenergieanlagen zur Wohnbebauung festzulegen. Das ist für uns der eigentlich problematische Punkt, weil dann beispielsweise für Bayern die Fläche, auf der Windkraftprojekte noch errichtet werden können, auf nahezu Null sinkt. Es bleiben meines Wissens 0,3 Prozent der Landesfläche, obwohl Bayern kein dicht besiedeltes Bundesland ist. Im Moment droht dies aber nur in Bayern und Sachsen, die dies umsetzen würden. Sachsen ist ohnehin seit einigen Jahren wenig passiert, da es kein Freund der Windkraft ist. Wir sehen aber das Risiko, dass bei Regierungswechseln in anderen Bundesländern diese Regelung auch dort zur Anwendung kommen könnte. Die Vergangenheit hat gezeigt, dass immer dann, wenn eine solche Änderung im Raum stand, die Genehmigungsbehörden die Arbeit einstellten und die Anträge liegen gelassen haben. Es passierte nichts mehr. Für schwer nachvollziehbar halte ich, dass dieser Punkt nicht viel massiver kritisiert wurde, obwohl schon der BDI dies als Hauptschwäche der EEG-Novelle benannte.

3. Auswirkung des EEG 2014 auf die Rentabilität von Windprojekten

Wir haben durchgerechnet, was das EEG 2014 für drei ausgewählte Standorte bedeutet, einer im Norden, einer in der Mitte, einer im Süden. Die durchschnittlichen Projekte in Süd- und Mitteldeutschland werden von der Verkürzung der Förderdauer durch das neue Referenzantragsmodell überhaupt nicht belastet, die Nordprojekte hingegen stark. Das heißt, dass letztendlich die Projekte im Süden und in der Mitte Deutschlands von der EEG-

Novelle profitieren, insbesondere im Jahr 2015. Dann sind nämlich die Einspeisetarife nach dem EEG 2014 höher als nach dem EEG 2012. Der Wert der windschwachen Projekte bleibt nahezu gleich und steigt in den Jahren 2014, 2015, 2016 sogar noch etwas. Bei den Standorten in der Mitte Deutschlands ist der gleiche Effekt zu sehen, wohingegen relativ starke Einbußen bei den Nordprojekten erkennbar sind.

PV-Geschäftsmodelle nach der EEG-Novelle: Auswirkungen der Neuregelungen auf Eigenstromerzeugung und Anlagenpachtmodelle

André Turiaux

1. Ausgangssituation im Bereich Photovoltaik

Gegenstand der Betrachtung sind Photovoltaikprojekte, die weitgehend ohne staatliche Förderung betrieben werden. Bis vor etwa drei Jahren war der Normalfall, dass bei PV-Anlagen die reguläre EEG-Förderung in Anspruch genommen wurde und die Betreiber auf diese Weise eine auskömmliche Rendite erzielen konnten. Aufgrund der für 20 Jahre fixen Vergütung bestanden gute Finanzierungsmöglichkeiten für derartige Projekte. Mit Hilfe dieses Geschäftsmodells entstand im vergleichsweise sonnenarmen Deutschland einer der größten Photovoltaikmärkte der Welt.

2. Veränderungen in den letzten Jahren

Das hat sich in den letzten Jahren geändert. Die Förderung wurde sukzessive und planmäßig gekürzt. Der Gesetzgeber wollte und will unter dem Stichwort "Marktintegration" den Anteil der geförderten Solarstromerzeugung reduzieren. Dabei wurde aber bislang die Förderung schneller und stärker reduziert als die Modulpreise und andere Kosten sinken konnten, so dass die Rentabilität der Projekte zurückging und schließlich grundsätzlich in Frage gestellt wurde. Es wurden daher Geschäftsmodelle gesucht und gefunden, die ohne Förderung auskommen und dennoch rentabel sind: Stichworte "Eigenverbrauch" und "Verbrauch durch Dritte in unmittelbarer Nähe der Erzeugungsanlage". Nur durch solche Modelle konnte der Zubau bei den PV-Anlagen auf dem bisherigen Niveau gehalten werden, alleine aufgrund der (über die Jahre reduzierten) EEG-Vergütung wäre dies nicht möglich gewesen.

Die durchschnittlichen Stromkosten von 29 ct/kWh für Haushaltskunden und 16 ct/kWh für Industriekunden beinhalten einen erklecklichen Anteil von Steuern, Abgaben und Umlagen, in 2013 je nach Fallgestaltung 8 bis 15 ct/kWh. PV-Strom (oder Strom aus Erneuerbaren Energien allgemein) ist attraktiv, wenn er für einen geringeren Preis bezogen werden kann als die genannten 29 ct/kWh bzw. 16 ct/kWh.

3. Fallgruppen für die Befreiung von der EEG-Umlage

Beim Thema Befreiung von der EEG-Umlage muss man zwei grundsätzliche Fälle unterscheiden:

Wer Strom an einen Dritten liefert, muss grundsätzlich die aufgeführten Abgaben (EEG-Umlage, KWK-Umlage usw.) bezahlen. Wer den Strom selbst erzeugt, ihn selbst verbraucht und dazu nicht das Netz in Anspruch nimmt (auch über sog. Anlagenpachtmodelle) oder den Strom in unmittelbarer Nähe an einen Dritten liefert, der ihn dann verbraucht (z.B. bei Mieterstrom-Modellen), war bislang von der EEG-Umlage ganz oder teilweise befreit gemäß § 37 Abs. 3 bzw. § 39 Abs. 3 EEG 2012. Das EEG 2014 regelt diesen Bereich neu, insb. wird auch der Eigenverbrauch künftig im Regelfall mit der EEG-Umlage belastet.

Andererseits werden auch die sonstigen Rahmenbedingungen und die EEG-Vergütung weniger attraktiv gestaltet, so dass nach wie vor ein Interesse an Geschäftsmodellen ohne Förderung besteht:

- die Direktvermarktung wird verpflichtend,
- die reguläre EEG-Vergütung über eine Laufzeit von 20 Jahren ist nur noch der Ausnahmefall,
- die Vergütungssätze werden erneut reduziert,
- Freiflächenanlagen unterliegen künftig einer Ausschreibungspflicht,
- das solare Grünstromprivileg entfällt ersatzlos.

Wichtigste Stellgröße ist für PV-Anlagen außerhalb der EEG-Vergütung nach wie vor die EEG-Umlage. Die EEG-Umlage soll "auf eine breitere Basis gestellt werden", um es mit dem Gesetzgeber positiv auszudrücken. Anders formuliert ist sie nun auch bei Projekten zu zahlen, bei denen sie bislang nicht anfiel. Der Maximalsatz der EEG-Umlage beim Eigenverbrauch soll 40 % betragen, dieser Satz wird bis 2016 in 3 Stufen erreicht (30%, 35%, 40%). Es gibt Ausnahmeregelungen, bei denen keinerlei EEG-Umlage anfällt. Das sind für die Praxis der PV-Branche jedoch bis auf die Bestandsanlagen keine sehr relevanten Fallgestaltungen: Schiffsmotoren, Insellösungen, Kraftwerkseigenverbrauch, Kleinanlagen. Die Fallgestaltungen, die bislang für Investoren interessant waren, gehören künftig nicht mehr zu den völlig von der Umlage befreiten Ausnahmefällen.

4. Bisherige Förderung der Direktvermarktung

Durch das solare Grünstromprivileg wurde bislang -etwas verkürzt gesagt- die Direktvermarktung von Strom aus erneuerbaren Energien an den Nachbarn begünstigt (d.h. die Lieferung an den Nachbarn ohne Netzdurchleitung). In der Praxis wurde so die Versorgung von Mietern mit Solarstrom aus Dachanlagen ebenso gefördert wie die Versorgung eines benachbarten Gewerbebetriebes, indem die EEG-Umlage um 2 ct/kWh gesenkt wurde. Diese Förderung entfällt ab dem 01.08.2014 ersatzlos und ohne Bestandsschutz für bisherige Anlagen und Modelle. Wer also bislang sein Geschäftsmodell aufgrund dieser Vergünstigung kalkuliert hat, der bekommt ab August 2014 u.U. wirtschaftliche Probleme.

5. Das Eigenversorgungsmodell

Von diesem Modell zu unterscheiden ist die Eigenversorgung. Nach dem EEG 2012 zahlten Eigenversorger keine EEG-Umlage. Eigenversorger ist, wer den Strom selbst erzeugt und selbst verbraucht, ohne dabei das öffentliche Netz in Anspruch zu nehmen. Aus Sicht der Eigenerzeuger war dies gerechtfertigt, da bei Erzeugung und Verbrauch dieses Stroms kein Netz und keine sonstigen Anlagen Dritter in Anspruch genommen wurden. Entsprechend groß ist teilweise das Unverständnis betreffend die Neuregelung.

Das EEG 2012 enthielt keine Definition der Eigenversorgung. Die Definition des EEG 2014 lehnt sich sehr nahe an das bisherige Verständnis an. Eigenversorgung ist danach "der Verbrauch von Strom, den eine natürliche oder juristische Person im unmittelbaren räumlichen Zusammenhang mit der Stromerzeugungsanlage selbst verbraucht, wenn der Strom nicht durch ein Netz durchgeleitet wird und diese Person die Stromerzeugungsanlage selbst betreibt", so § 5 Nr. 12 EEG 2014.

Wichtig sind insbesondere Personenidentität und die fehlende Inanspruchnahme eines Netzes der allgemeinen Versorgung. Bei der Eigenversorgung ist die Personenidentität von Erzeuger und Verbraucher entscheidend und bereitet in der Praxis gelegentlich Probleme, wenn mehrere Akteure beteiligt sind. Der klassische Fall, den der Gesetzgeber im Kopf hatte, ist folgender: Jemand betreibt auf seinem Grundstück eine Anlage zur Erzeugung von Strom aus erneuerbaren Energien und verbraucht den erzeugten Strom auf dem gleichen Grundstück, etwa in seinem Wohnhaus oder im eigenen Gewerbebetrieb. In der Praxis hat sich jedoch herausgestellt, dass es ein Bedürfnis gibt, mehrere Parteien einzubeziehen, etwa um Finanzierung und Betrieb der Anlage zu trennen, oder um den Stromverbrauchern nicht das (gesamte) wirtschaftliche Risiko des Anlagenbetriebs aufzubürden.

6. Das Anlagenpachtmodell

In diesem Zusammenhang wurden die sog. Anlagenpachtmodelle entwickelt, bei denen eine Person/Gesellschaft die Anlage betreibt, diese aber an den Stromverbraucher verpachtet. Der Stromverbraucher trägt das wirtschaftliche Risiko, und nachdem das EEG bei der Bestimmung des Stromerzeugers nicht auf das Eigentum der Anlage abstellt, sondern darauf, wer das wirtschaftliche Risiko trägt, war der Anlagenpächter i.S.d. gesetzlichen Regelung Erzeuger und Verbraucher in einer Person, es lag also Eigenerzeugung i.S.d. § 37 EEG 2012 vor. Den Betrieb der Anlage kann ein Dritter übernehmen, der über das entsprechende technische Verständnis verfügt, häufig der Projektierer der Anlage. Obwohl zwei Beteiligte in das Projekt eingebunden sind, konnte auf diese Weise beim Stromverbraucher die notwendige Personenidentität dargestellt werden, um die EEG-Umlage zu vermeiden.

Neben der EEG-Umlage und den Netzentgelten konnte so auch noch eine Fülle weiterer „Stromnebenkosten" vermieden werden (Konzessionsabgaben, KWK-Umlage, ggf. die Stromsteuer usw.).

Anlagenpachtmodelle waren unter dem EEG 2012 sehr interessant und sie bleiben das auch nach dem EEG 2014, da der oben geschilderte Kostenblock von 8-15 ct/kWh weitgehend vermieden werden kann, so dass sich viele Projekte erst durch diese Gestaltung rechnen. Vom Betrag her ist die EEG-Umlage der entscheidende Faktor, die übrigen Umlagen/Abgaben sind abgesehen von der Stromsteuer- eher vernachlässigbar. Bei der künftigen Belastung mit bis zu 40% der EEG-Umlage werden sich etliche Projekte nicht mehr rechnen.

Der Gesetzgeber wollte mit dem EEG 2014 die Begünstigung der Eigenversorgung bewusst einschränken. Die Vermeidung der Umlage soll nicht mehr das einzige Motiv sein, um ein Projekt aufzusetzen. Die ursprünglich vorgesehene Differenzierung für private und gewerbliche Anlagen wurde wieder fallen gelassen. In früheren Gesetzesentwürfen sollte die EEG-Umlage für gewerbliche Betreiber um 85 % reduziert werden, für private um 50 %. Jetzt tragen alle 40 % der Umlage (wobei für die Gewerblichen im KWK-Bereich Vergünstigungen geschaffen wurden, die einen gewissen Ausgleich bieten).

7. Bestandsschutz

Das neue Gesetz enthält eine Ausnahme für bestehende Anlagen, die unter gewissen Voraussetzungen von der EEG-Umlage befreit bleiben. Der Bestandsschutz gilt jedoch zunächst nur bis 2016, dann soll eine Evaluation stattfinden und das Thema ggf. neu geregelt werden. Alle Eigenversorger, die nicht unter den Bestandsschutz (oder eine der anderen engen Ausnahmen, s.o.) fallen, zahlen nun die reduzierte EEG-Umlage.

8. Verfassungsrechtliche Bedenken

Verfassungsrechtlich wird das EEG 2014 in mehrfacher Hinsicht kritisiert.
Gegen die EEG-Umlage (insb. auf die Eigenversorgung) wird geltend gemacht, es handle sich um eine unzulässige parafiskalische Sonderabgabe.
Die Übergangsregelung für Bestandsanlagen wird z.T. ebenfalls für verfassungswidrig gehalten, weil eine sog. unechte Rückwirkung vorliege, der eine ausreichende Rechtfertigung fehle. Der Bestandsschutz soll -verkürzt gesagt- nur greifen, wenn die Genehmigung für die Anlage vor dem 23. Januar 2014 erteilt wurde. Am 22. Januar wurde das Eckpunktepapier der Bundesregierung zur EEG-Reform bekannt. Nach Auffassung des Gesetzgebers wurde damit das Vertrauen auf ein Fortbestehen der bisherigen Gesetzeslange zerstört. Daran bestehen Zweifel, da zum damaligen Zeitpunkt die Details der Regelungen naturgemäß noch nicht feststanden, so dass man auf der Basis jedenfalls keine Investitionsentscheidung treffen konnte. Üblicherweise gilt die erste Lesung des Gesetzes im Bundestag als der Zeitpunkt, zu dem der Vertrauensschutz entfällt.
Das Thema soll hier nicht vertieft werden. Es ist davon auszugehen, dass über kurz oder lang eine entsprechende Verfassungsbeschwerde erhoben wird. Deren Erfolgsaussichten sollten allerdings nicht überschätzt werden.

9. Folgen für bisherige Geschäftsmodelle

Welche Auswirkungen haben diese Änderungen nun für die bisherigen Geschäftsmodelle? Das soll kurz anhand verschiedener Fallgestaltungen skizziert werden.

Nehmen wir einen Solarpark mit 5 MW Leistung als Bestandsanlage. Die Hälfte des erzeugten Stroms wird im Gewerbebetrieb des Anlagenbetreibers verbraucht (Eigenverbrauch i.S.d. Gesetzes), und der überschüssige Strom wird eingespeist und bislang nach EEG vergütet. Die Anlage unterfällt dem Bestandsschutz, so dass für den selbstverbrauchten Strom keine EEG-Umlage anfällt. Auch die Einspeisung unterfällt dem Bestandsschutz, weil darauf die bisherigen Vergütungsregelungen weiterhin anwendbar bleiben, § 100 Abs. 1 Nr. 4 EEG 2014.

Variante: Bei einer Bestandsanlage wird die Hälfte des erzeugten Stroms selbst verbraucht, die andere Hälfte wird an den Nachbarn geliefert unter Inanspruchnahme des bisherigen Grünstromprivilegs (Reduzierung der EEG-Umlage um 2 ct/kWh). Der Eigenverbrauch unterfällt dem Bestandsschutz, auf ihn wird keine EEG-Umlage erhoben. Das Grünstromprivileg wurde jedoch durch das EEG 2014 ersatzlos (ohne Übergangsvorschrift, ohne Bestandsschutz) ab dem 1. August 2014 gestrichen. Dieser Teil des erzeugten Stroms wird also künftig mit der EEG-Umlage belastet, so dass die Rentabilität und Wirtschaftlichkeit der Anlage insoweit verschlechtert wird und ggf. in Frage steht. Welche der beteiligten Parteien am Ende diesen Nachteil tragen muss, hängt von den vertraglichen Regelungen ab. Es ist im Einzelfall denkbar, dass diese Änderung zivilrechtlich einen Wegfall der Geschäftsgrundlage darstellt oder ein Kündigungsgrund ist.

Betrachtet man als dritten Fall eine neue Anlage, bei der jeweils hälftig Eigenversorgung und Direktvermarktung an den Nachbarn vorliegen, zeigen sich die Auswirkungen der Neuregelung naturgemäß noch deutlicher. Der Eigenverbrauch wird jetzt mit 30 - 40 % der EEG-Umlage belastet, wie oben erläutert. Bei der Belieferung des Nachbarn gibt es keinerlei Privilegien mehr. Insg. ist hier eine deutliche Schlechterstellung im Vergleich zum vorherigen Rechtszustand zu verzeichnen, gerade dies ist aber gesetzgeberisch gewollt.

10. Vergleich der Belastungen vor und nach der EEG-Novelle

Für ein Anlagenpachtmodell haben wir die Belastung mit Umlagen, Abgaben und Stromsteuer nachfolgend graphisch dargestellt, jeweils nach dem EEG 2012 und dem EEG 2014. Bei den beiden bislang privilegierten Fallgestaltungen (linke und mittlere Säule) erhöht sich die Belastung deutlich.

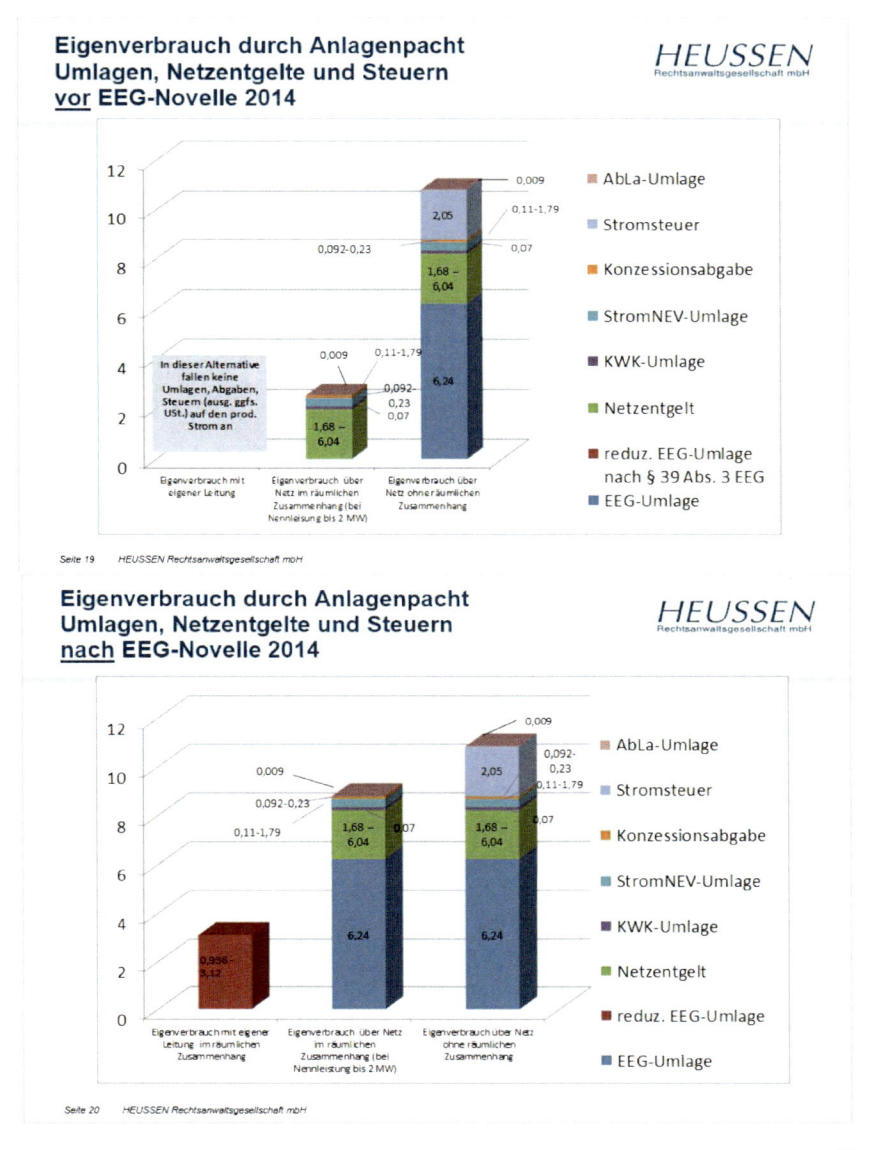

11. Lösungsansätze für die Inanspruchnahme der reduzierten EEG-Umlage

In den oben geschilderten Beispielsfällen 2 und 3 könnte die fehlende Förderung der Direktbelieferung des Nachbarn u.U. dadurch behoben werden, dass die PV-Anlage physisch in zwei Anlagen aufgeteilt wird. Dann würden 50% der Module zur Eigenverbrauchsanlage des Grundstücks- und Anlageneigentümers gehören, die nur die reduzierte EEG-Umlage tragen muss (max. 40%). Die anderen 50% der Module würden im Wege der Anlagenpacht an den Nachbarn verpachtet, so dass auch hier nur die reduzierte Umlage anfällt.

Rechtlich ist das ein gangbarer Weg, die Frage ist, wie groß bei Altanlagen der technische Aufwand (insb. Messung, Abrechnung) und die damit verbundenen Kosten sind, und ob der Vorteil bei der EEG-Umlage diese Kosten aufwiegt.

Bei neuen Anlagen dürften die technischen Hürden und die Mehrkosten geringer sein. Es kann von Anfang an so geplant und gebaut werden, dass nicht eine Anlage errichtet wird, sondern dass technisch zwei oder mehr Anlagen entstehen, von denen eine als Eigenverbrauchsanlage betrieben wird, und die andere/n wird/werden an den/die Nachbarn verpachtet. Das heißt aber auch, dass der Nachbar das wirtschaftliche Risiko für die Anlage übernehmen muss, nur dann erfüllt die Anlagenpacht ihren Zweck.

12. Fazit

Zusammenfassend sind die Neuregelungen eine erhebliche Belastung sowohl für viele bestehende Anlagen als auch für neue Projekte. Für Großverbraucher, die sehr günstige Stromtarife erhalten, werden sich neue Eigenversorgungsanlagen in vielen Fällen nicht mehr rechnen. Bei weniger günstigen Tarifen bleiben aber Eigenverbrauchsanlagen und damit auch Anlagenpachtmodelle nach wie vor interessant und sinnvoll. Für die Eigenversorgung spricht unverändert die Preisstabilität. Die Erzeugungskosten der eigenen Anlage lassen sich auf Sicht von 10 Jahren oder mehr zuverlässiger vorhersagen (und ggf. vertraglich festlegen) als die Tarifentwicklung der großen Stromversorger.

Teil 2:

Europarechtliche Rahmenbedingungen

Das EEG-2012-Modell und die Privilegierung stromintensiver Unternehmen aus dem Blickwinkel des EU-Beihilfenrechts

Marc Bungenberg, Matthias Motzkus[*]

1. Einleitung – Ökologische Zielsetzungen im marktwirtschaftlichen Grundkonzept der Europäischen Union
2. Kritik der Kommission am EEG 2012
   a. Gegenstand des förmlichen Beihilfenprüfverfahrens
   b. Die „besondere Ausgleichsregelung" für stromintensive Unternehmen nach §§ 40 ff. EEG 2012 im Einzelnen
      aa. Funktionsweise des EEG-Ausgleichsmechanismus
      bb. Die „besondere Ausgleichsregelung" im Einzelnen
3. Beihilfenrechtliche Bewertung der „besonderen Ausgleichsregelung" nach §§ 40 ff. EEG 2012
   a. Voraussetzungen aus Art. 107 Abs. 1 AEUV
   b. Unproblematische Tatbestandsmerkmale
      aa. Unternehmensbegriff
      bb. Begünstigung
      cc. Selektivität
      dd. (Drohende) Wettbewerbsverfälschung und Beeinträchtigung des zwischenstaatlichen Handels
      ee. Spürbarkeit der Beeinträchtigung i.S.d. der De-Minimis-Verordnung
      ff. Altmark-Kriterien
   c. Problematisch: Staatliche bzw. aus staatlichen Mitteln gewährte Beihilfe
      aa. Allgemeine Präzisierungen in der Rechtsprechung
      bb. EuGH-Entscheidung „PreussenElektra"
      cc. EuGH-Entscheidung „Essent"
      dd. EuGH-Entscheidung „Vent de Colère"
      ee. Kommissionsentscheidung „Ökostromgesetz Österreich"
      ff. Übertragbarkeit der Rechtsprechung auf die besondere Ausgleichsregelung im EEG 2012

---

[*] Die Autoren danken Herrn Stefan Schelkaas, LL.B. für Korrekturarbeiten und Anregungen.

gg. Zwischenergebnis
  d. Ausnahmen und Rechtfertigungsgründe
  e. Ergebnis und Konsequenzen
4. Problematik der möglichen Rückforderung von Beihilfen
  a. Wirkung des Eröffnungsbeschlusses der Kommission
  b. Wirkung eines möglichen Rückforderungsbeschlusses
  c. Auswirkungen der Leitlinien für staatliche Umweltschutz- und Energiebeihilfen 2014-2020 auf mögliche Rückforderungen
5. Unionsrechtliche Rahmenbedingungen für die EEG-Reform 2014
  a. Neue Leitlinien der Kommission für Umweltschutz und Energie 2014–2020
  b. Neufassung der „besonderen Ausgleichsregelung" im EEG 2014
    aa. Kreis der Antragsberechtigten
    bb. Antragsvoraussetzungen
    cc. Wirkung der Begrenzungsentscheidung
    dd. Übergangs- und Härtefallregelungen
6. Fazit
Literatur

1. Einleitung – Ökologische Zielsetzungen im marktwirtschaftlichen Grundkonzept der Europäischen Union

Die Einführung neuer mitgliedstaatlicher Regulierung aus Gründen des Umweltschutzes ist selbstredend möglich – aber nur innerhalb bestimmter „Rahmenbedingungen", die sich aus der Wirtschaftsverfassung ableiten. Insoweit werden die Handlungsspielräume der Mitgliedstaaten durch die nationale wie auch die unionale Wirtschaftsverfassung – letztere resultierend aus EUV, AEUV und auch der EU-Grundrechtecharta – ebenso begrenzt wie durch internationale Verpflichtungen. Dies muss nun in Hinblick auf die Beurteilung einiger Regelungen des EEG 2012[1] auch Deutschland erfahren, seitdem die Kommission ein entsprechendes Prüfverfahren eröffnet hat und so auch massive Beihilferückforderungen nicht ausgeschlossen sind.[2]

1　Gesetz für den Vorrang Erneuerbarer Energien (Erneuerbare-Energien-Gesetz - EEG) v. 25.10.2008 (BGBl. I S. 2074), zuletzt geändert am 17.8.2012 (BGBl. I S. 1754) – nachfolgend „EEG 2012".
2　Staatliche Beihilfe SA.33995 (2013/C) (ex 2013/NN) – Förderung der Stromerzeugung aus Erneuerbaren Energien und Begrenzung der EEG-Umlage für ener-

Das EEG-2012-Modell und die Privilegierung stromintensiver Unternehmen

Kernelement der unionalen Wirtschaftsverfassung ist seit jeher die Herstellung eines Gemeinsamen Marktes und nunmehr heute Binnenmarktes. Mit der Festlegung auf eine „offene Marktwirtschaft mit freiem Wettbewerb" durch den Vertrag von Maastricht[3] wurde zudem eine verbindliche Systementscheidung für ein im Grundsatz marktwirtschaftlich-freiheitliches Modell[4] vorgenommen. Auch wenn diese Festlegung mit dem Vertrag von Lissabon in Art. 119 AEUV verschoben worden ist, betont Art. 3 EUV auch nach der letzten Vertragsänderung im Jahre 2009 noch immer das marktwirtschaftliche Grundkonzept – weist allerdings zugleich auf mögliche Durchbrechungen und Relativierungen hin, wenn Ziel der Union „ [...] eine in hohem Maße wettbewerbsfähige soziale Marktwirtschaft [...], sowie ein hohes Maß an Umweltschutz und Verbesserungder Umweltqualität [...]" ist (Art. 3 Abs. 2 EUV). In jedem Fall ist den EU-Mitgliedstaaten im binnenmarktbezogenen Innenverhältnis eine nicht-marktwirtschaftliche Wirtschaftspolitik verboten. Nach dem Grundsatz der offenen Marktwirtschaft mit freiem Wettbewerb sollen alle wirtschaftlichen Tätigkeiten grundsätzlich frei von staatlichen Eingriffen sein und der Staat möglichst wenig als Wirtschaftssubjekt in Erscheinung treten.

Die Verwirklichung von Grundfreiheiten, Grundrechten und Wettbewerbsregeln wird, wie bereits angeführt, in Teilbereichen relativiert. Bei Durchsicht von AEUV, Grundrechtecharta und EUV wird deutlich, dass neben diesen marktwirtschaftlichen Grundregeln eine Reihe von Verpflichtungen und Zielen stehen, die ökologisch-sozialen Charakter haben. Es bestehen dirigistische Eingriffsmöglichkeiten, es sind gesundheits-, verbraucher-, umwelt- wie auch sozialpolitische Zielsetzungen des Vertrages zu berücksichtigen. Mit dem Aufkommen eines verstärkten Umweltbewusstseins ab Ende der 60er Jahre ist es zunächst zu einer sekundärrechtlichen Ausgestaltung des Umweltschutzes und dann bei der Weiterentwicklung des EG-Primärrechts zu einem „Greening the Treaties"[5] gekommen. Nach

---

gieintensive Unternehmen; Aufforderung zur Stellungnahme nach Artikel 108 Absatz 2 des Vertrags über die Arbeitsweise der Europäischen Union, ABl. EU 2014 C 37/73 – nachfolgend „Eröffnungsbeschluss".
3   Dort u.a. mit Art. 4, Art. 98 S. 2 und Art. 105 Abs. 1 S. 3 EG.
4   *Behrens*, in: Brüggemeier (Hrsg.), Verfassungen für ein ziviles Europa, 73 (73 ff.); *Schmidt*, in: Kirchhof/Lehner/Raupach/Rodi (Hrsg.), FS Vogel, 21 (22).
5   *Stetter*, European Environmental Law Review 2001, 150 (150 ff.).

einer Reihe von Vertragsänderungen – EEA,[6] Maastricht,[7] Amsterdam[8] und Nizza[9] – kann man heute konstatieren, dass neben der Wirtschaftsverfassung[10] auch eine Umweltverfassung steht.

Unionale und mitgliedstaatliche Sozial- und Umweltregelungen in diesen Bereichen stehen in einem Regel-Ausnahme-Verhältnis dem freien Wirtschaftsgeschehen gegenüber, so dass sich diese Regulierungen der Mitgliedstaaten stets am Maßstab des unionalen Verhältnismäßigkeitsgrundsatzes[11] vor der Markt- und Wettbewerbsfreiheit zu rechtfertigen haben.[12] Die Herstellung einer praktischen Konkordanz zwischen wirtschaftlichen, ökologischen und sozialen Zielsetzungen ist insoweit seit geraumer Zeit der wettbewerbsrechtlichen Rechtsprechung des EuGH zu entnehmen So hat der EuGH in den Rechtssachen *Ferring*[13] und *Altmark Trans*[14] den beihilfenrechtlichen Verbotstatbestand zugunsten bestimmter mit der Erfüllung gemeinwirtschaftlicher Verpflichtungen betrauter Einrichtungen aufgeweicht.[15] Im *AOK Bundesverband*-Urteil hat der EuGH festgestellt, dass dem Anwendungsbereich des EG-Kartellrechts auf Krankenkassenzusammenschlüsse Grenzen gesetzt sind.[16] Im Bereich der Grundfreiheiten und des diese ausfüllenden Sekundärrechts lassen sich als "Grundsatzentscheidungen" *PreussenElektra*[17] (Warenverkehrsfreiheit) und *Concordia Bus Finland*[18] (Vergaberecht) als Beleg für derlei Tendenzen in der EuGH-

---

6   Einheitliche Europäische Akte, ABl. 1987 L 169/1 ff.
7   Vertrag über die Gründung einer Europäischen Union, ABl. 1992 C 191/1 ff.
8   Vertrag von Amsterdam zur Änderung des Vertrages über die Europäische Union, der Verträge zur Gründung der Europäischen Gemeinschaften sowie einiger damit zusammenhängender Rechtsakte, ABl. 1997 C 340/1 ff.
9   Vertrag von Nizza zur Änderung des Vertrags über die Europäische Union, der Verträge zur Gründung der Europäischen Gemeinschaften sowie einiger damit zusammenhängender Rechtsakte, ABl. 2001 C 80/1 ff.
10 *Hatje,* in: von Bogdandy/Bast (Hrsg.), Europäisches Verfassungsrecht, 801 (801 ff.).
11 *von Danwitz,* EWS 2003, 393 (393 ff.).
12 So insbes. *Nowak,* in: Hatje/Terhechte (Hrsg.), Das Binnenmarktziel in der europäischen Verfassung, EuR-Beih 3/2004, 77 (77 ff.); *Hatje,* in: von Bogdandy/Bast (Hrsg.), Europäisches Verfassungsrecht, 801 (801 ff.); *Müller-Graff,* in: Hatje (Hrsg.), Das Binnenmarktrecht als Daueraufgabe, EuR-Beih 1/2002, 7 (22).
13 EuGH 22.1.2001 – C-53/00 (Ferring SA/ACOSS), Slg. 2001, I-9067, Rn 18 ff.
14 EuGH 24.7.2003 – C-280/00 (Altmark Trans), Slg. 2003, I-7747, Rn 88-94.
15 EuGH 22.1.2001 – C-53/00 (Ferring SA/ACOSS), Slg. 2001, I-9067 ff; EuGH 24.7.2003 – C-280/00 (Altmark Trans), Slg. 2003, I-7747.
16 EuGH 16.3.2004, verb Rs C-264, 306, 354 u. 355/01 (*AOK Bundesverband u.a.*), Slg. 2004, I-2493.
17 EuGH 13.3.2001 – C-379/98 (PreussenElektra), Slg. 2001, I-2099, Rn.73 ff.
18 EuGH 17.9.2002 – C-513/99 (Concordia Bus Finland), Slg. 2002, I-7213.

Rechtsprechung anführen. Trotz aller diesbezüglicher Bemühungen bleibt aber ein Spannungsverhältnis zwischen Wettbewerb und Umweltschutz, wie es auch die Problematik des EEG 2012 und die hier nachfolgend zu diskutierende Problematik der Anwendbarkeit des unionalen Beihilfenrechts zum Ausdruck bringt.

Bei der Anwendung bzw. Auslegung der beihilfenrechtlichen Ausnahmebereiche handelt es sich, trotz der verfassungsrechtlichen Ausgestaltung des Umweltschutzes auf der primärrechtlichen Ebene, im Kontext des Wettbewerbsrechts um eine Integration ökologischer Belange in wirtschaftsrechtliche Grundregelungen. Bei der Auslegung des Beihilfenbergriffs steht hingegen der Anwendungsbereich eines Zentralelements der europäischen Wirtschaftsverfassung zur Diskussion; letzterer Begriff sollte daher jedenfalls in seinem Anwendungsbereich weit ausgelegt werden. Relativierungen sind dann wiederum durch genau festzulegende Ausnahmebereiche möglich; keinesfalls aber kann das zentrale Elemente der Durchsetzung eines (staatlich) unverfälschten Wettbewerbs durch eine restriktive Tatbestandsmerkmalsinterpretation der (Wettbewerbs-)Aufsicht durch die Kommission entzogen und in den mitgliedstaatlichen Verantwortungsbereich zurückübertragen werden.

Vor diesem Hintergrund ist das EEG 2012 im Hinblick auf seine Vereinbarkeit mit dem unionalen Beihilferecht zu untersuchen; hierzu soll im folgenden Abschnitt die Kritik der Kommission am EEG 2012 zusammengefasst und der Ausgleichsmechanismus des EEG 2012 skizziert werden, bevor sodann eine eigenständige beihilfenrechtliche Bewertung unter der Berücksichtigung jüngster Rechtsprechung zum unionalen Beihilfebegriff – insbesondere dem Merkmal der Staatlichkeit – erfolgt. Auf Grund des hier gefundenen Ergebnisses stellt sich die Frage nach mit einer Rückforderung der Beihilfe möglichen rechtlichen und tatsächlichen Problemen. Da zwischenzeitlich die unionsrechtlichen Rahmenbedingungen im Bereich Umwelt und Energie tertiärrechtlich „konkretisiert" worden sind, sind auch diese Vorgaben zu berücksichtigen und sollen zudem abschließend auf das reformierte EEG 2014 angewendet werden.

2. Kritik der Kommission am EEG 2012

a. Gegenstand des förmlichen Beihilfenprüfverfahrens

Die „Besondere Ausgleichsregelung" (nachfolgend BAR) für stromintensive Unternehmen nach §§ 40 ff. EEG 2012 ist Bestandteil des komplexen

Ausgleichsmechanismus im EEG. Um die Förderung Erneuerbarer Energien voranzutreiben, sieht dieser vor, dass die Betreiber von Anlagen zur Erzeugung Erneuerbarer Energien feste Einspeisevergütungen für den von ihnen erzeugten Strom erhalten, die über dem Preis für herkömmlichen Strom aus fossilen Energieträgern liegen. Das soll nicht nur Anreize für Investoren schaffen, sondern zugleich auch dem Umstand Rechnung tragen, dass einige Träger regenerativer Energieerzeugung nach wie vor noch nicht gänzlich wettbewerbsfähig gegenüber den fossilen Energieträgern sind. Die Mehrkosten für regenerative Energieerzeugung werden durch den Ausgleichmechanismus auf alle Verbraucher umgelegt, die zusätzlich zum Bezugspreis für Strom die sogenannte „EEG-Umlage" zahlen müssen. Die Investitionen, die Einzelne zur Förderung des Klimaschutzes tätigen, werden damit letztlich der Allgemeinheit auferlegt (vgl. im Einzelnen sogl. B. II. 1.). Hieraus resultiert für die stromintensive Industrie ein erheblicher Standort- und Wettbewerbsnachteil, so dass die BAR unter bestimmten Voraussetzungen umfangreiche Befreiungen von der Pflicht zur Zahlung der EEG-Umlage ermöglicht (dazu B. II. 2.).

Problematisch ist aus Sicht der Europäischen Kommission daran, dass die Bundesrepublik Deutschland diese die stromintensiven Unternehmen begünstigende Regelung nicht zuvor bei ihr zur Prüfung angemeldet hat, wie es das in den Art. 107 ff. AEUV verankerte unionale Beihilfenrecht vorschreibt. Da hiernach an Unternehmen gerichtete staatliche Vergünstigungen grundsätzlich für unvereinbar mit dem Binnenmarkt erklärt werden, hätte es für die BAR des EEG 2012 einer von der Kommission nach eingehender Prüfung zu erteilenden Genehmigung bedurft. Da jedoch die Kommission erhebliche Bedenken an der beihilfenrechtlichen Vereinbarkeit hegt, hat sie nach Abschluss einer vorläufigen Prüfung am 18. Dezember 2013 das förmliches Prüfverfahren gem. Art. 108 Abs. 2 AEUV, Art. 4 Abs. 4, Art. 6 ff. VVO[19] zur Prüfung einiger Regelungen des EEG 2012, insbesondere auch der BAR, eingeleitet.[20] Während sie die allgemeinen Re-

---

19 Verordnung (EG) Nr. 659/1999 des Rates v. 22.3.1999 über besondere Vorschriften für die Anwendung von Artikel 108 des Vertrags über die Arbeitsweise der Europäischen Union, ABl. L 83/1 v. 27.3.1999, zuletzt geändert durch Verordnung (EU) Nr. 734/2013 des Rates vom 22.7. 2013, ABl. L 204/15 v. 31.7.2013 – nachfolgend „VVO".
20 Staatliche Beihilfe SA.33995 (2013/C) (ex 2013/NN) – Förderung der Stromerzeugung aus Erneuerbaren Energien und Begrenzung der EEG-Umlage für ener-

gelungen des EEG 2012 zur Einspeisevergütung zwar ebenfalls als Beihilfen einstuft, diese allerdings unter Rückgriff auf die Art. 107 Abs. 3 lit. c AEUV und die Umweltbeihilfeleitlinien 2008[21] (dort Abschnitt 3.1) als mit dem Binnenmarkt vereinbar ansieht[22], hält sie die BAR für stromintensive Unternehmen nach §§ 40 ff. EEG 2012 für eine nicht mit dem Binnenmarkt vereinbare Beihilfe.[23]

b. Die „besondere Ausgleichsregelung" für stromintensive Unternehmen nach §§ 40 ff. EEG 2012 im Einzelnen

aa. Funktionsweise des EEG-Ausgleichsmechanismus

Der Ausgleichsmechanismus des EEG regelt im Einzelnen[24] (hier vereinfacht dargestellt, vgl. auch die Abbildung unten), dass Betreiber von Anlagen zur Erzeugung Erneuerbarer Energien – welche einen Anspruch darauf haben, dass die Anlagen an das nächstgelegene Verteilnetz der allgemeinen Versorgung angeschlossen werden und dass der erzeugte Strom vom regionalen Verteilnetzbetreiber (nachfolgend VNB) aufgenommen, übertragen und weiter verteilt wird (§§ 5, 8 EEG 2012) – auf einer ersten Stufe für den eingespeisten Strom von den VNB eine gesetzlich festgelegte Vergütung erhalten, die nach wie vor ganz überwiegend deutlich über dem Börsenpreis für Strom liegt (§§ 16 ff. EEG 2012).

Die so entstehende wirtschaftliche Belastung der regionalen VNB wird im Rahmen des sog. „vertikalen Belastungsausgleichs" weitergereicht, indem diese den EE-Strom auf der zweiten Stufe des Umlagesystems an einen der vier jeweils für ihren Netzbereich zuständigen Übertragungsnetzbetreiber (nachfolgend ÜNB; diese betreiben die „Stromautobahnen" auf höchs-

---

gieintensive Unternehmen; Aufforderung zur Stellungnahme nach Artikel 108 Absatz 2 des Vertrags über die Arbeitsweise der Europäischen Union, ABl. EU 2014 C 37/73 – nachfolgend „Eröffnungsbeschluss".
21 Leitlinien der Gemeinschaft für staatliche Umweltschutzbeihilfen, ABl. 2008 C 82/1.
22 KOM, Eröffnungsbeschluss, Rn 186.
23 KOM, Eröffnungsbeschluss, Rn 150.
24 Vgl. zur Übersicht auch die Darstellungen bei *Schlacke/Kröger*, NVwZ 2013, 313; *Burgi/Wolff*, EuZW 2014, 647 (648 f.); *Ludwigs*, REE 2014, 65 (66); *Graf v. Kielmansegg*, WiVerw 2014, 103 (103 ff.); *Ortlieb*, in: Gabler/Metzenthin, EEG, Vor EEG §§ 40 bis 44 Rn 6 ff.; *Hendrich/Ansehl*, in: Gerstner, Recht der Erneuerbaren Energien, Kap. 6 Rn 2 ff.

ter Netzebene) weiterleiten (§ 34 EEG 2012), wofür sie im Gegenzug dieselbe über dem Marktpreis liegende Vergütung erhalten, die sie den Anlagenbetreibern ausgezahlt haben (§ 35 EEG 2012) – abzüglich ggf. vermiedener Netzentgelte (§ 35 Abs. 2 EEG 2012, § 18 StromNEV).

Die ÜNB ermitteln sodann auf der dritten Stufe den Anteil des EE-Stroms am in ihrem jeweiligen Netzbereich („Regelzone") abgesetzten Gesamtstrom (§ 36 Abs. 2 EEG 2012) und gleichen im Rahmen des sog. „horizontalen Belastungsausgleichs" untereinander die aufgenommenen EE-Strommengen und die für diese geleistete Vergütungen so aus, dass (gemessen am in der jeweiligen Regelzone gelieferten Gesamtstrom) alle ÜNB rechnerisch denselben Prozentsatz an EE-Strom abzunehmen und zu vergüten haben (§ 36 Abs. 3 EEG 2012). Die ÜNB müssen den von den VNB aufgenommenen EE-Strom diskriminierungsfrei, transparent und unter Beachtung der Vorgaben der AusglMechV[25] am Spotmarkt einer Strombörse vermarkten (§ 37 EEG 2012 i.V.m. § 2 AusglMechV).

Der hier regelmäßig entstehende Fehlbetrag (Differenz zwischen den an der Strombörse erzielten Einnahmen und der an die VNB entrichteten Vergütung, vgl. im Einzelnen § 3 AusglMechV) wird als sog. „EEG-Umlage" auf der vierten Stufe an die Elektrizitätsversorgungsunternehmen (nachfolgend EVU) weitergereicht, indem die ÜNB auf jede Kilowattstunde Strom, die von EVU zum Verkauf an Letztverbraucher bezogen wird, die EEG-Umlage als feststehenden Betrag dem Strompreis aufschlagen (§ 37 Abs. 2 S. 1 EEG 2012 i.V.m. § 3 AusglMechV). Die EEG-Umlage wird von den ÜNB bis zum 15. Oktober eines Kalenderjahres für das folgende Kalenderjahr ermittelt und veröffentlicht; sie beträgt für das Jahr 2014 6,24 ct/kWh und wird für 2015 6,17 ct/kWh betragen. Damit werden alle EVU zu gleichen (relativen) Anteilen an den Fördermehrkosten Erneuerbarer Energien beteiligt.

Ganz regelmäßig reichen die EVU diese Kosten auf der fünften Stufe des Ausgleichsmechanismus an die Letztverbraucher weiter (wozu nach EEG aber zumindest formal keine Verpflichtung besteht), so dass sich effektiv die Stromkosten für Letztverbraucher erhöhen.

---

25 Verordnung zur Weiterentwicklung des bundesweiten Ausgleichsmechanismus (Ausgleichsmechanismusverordnung - AusglMechV) v. 17.7.2009 (BGBl. I S. 2101), zuletzt geändert am 21.7.2014 (BGBl. I S. 1066).

bb. Die „besondere Ausgleichsregelung" im Einzelnen

Nach § 40 EEG 2012 kann das Bundesamt für Wirtschaft und Ausfuhrkontrolle (BAFA) auf Antrag und unter bestimmten Voraussetzungen die EEG-Umlage für diejenigen Letztverbraucher, die „stromintensive Unternehmen des produzierenden Gewerbes mit hohem Stromverbrauch oder Schienenbahnen" sind, anteilig auf 10 % bzw. 1 % oder anteilig bzw. vollständig auf 0,05 ct/kWh der EEG-Umlage begrenzen. Der jeweilige Umfang der Begrenzung richtet sich nach § 41 Abs. 3 EEG 2012. Dabei gilt im Grundsatz, dass die Begrenzung umso größere Wirkung entfaltet, je höher der Stromverbrauch des betroffenen Unternehmens ist. Bezugspunkt für Begrenzungen ist der Strombezug i.S.v. § 41 Abs. 1 Nr. 1 lit. a EEG 2012. Grundsätzlich wird der Stromanteil bis einschließlich 1 GWh nicht begrenzt (§ 41 Abs. 3 Nr. 1 lit. a EEG 2012). Fällt ein Unternehmen nicht unter die Sonderregelung des § 41 Abs. 3 Nr. 2 EEG 2012, so hat es für die erste GWh demnach immer die volle EEG-Umlage im Sinne eines Selbstbehalts zu tragen. Für den Stromanteil über 1 GWh bis einschl. 10 GWh wird die EEG-Umlage gem. § 41 Abs. 3 Nr. 1 lit. b EEG 2012 auf 10 %, für den Stromanteil über 10 bis einschl. 100 GWh auf 1 % begrenzt, § 41 Abs. 3 Nr. 1 lit. c EEG 2012. Für den über 100 GWh hinausgehenden Stromanteil erfolgt eine Begrenzung der EEG-Umlage auf 0,05 Cent je kWh, § 41 Abs. 3 Nr. 1 lit. c EEG 2012. § 41 Abs. 3 Nr. 2 EEG 2012 normiert eine Sonderregelung für Unternehmen, die einen Jahresstromverbrauch von mindestens 100 GWh sowie eine Stromkostenintensität von mehr als 20 % aufweisen. Bei diesen erfolgt eine Begrenzung der EEG-Umlage für den *gesamten* Strombezug auf 0,05 ct/kWh.

Der mit der Umlagebegrenzung verfolgte Zweck liegt in der Senkung des Strompreises für diese Unternehmen, um „so ihre internationale und intermodale Wettbewerbsfähigkeit zu erhalten, soweit hierdurch die Ziele des Gesetzes nicht gefährdet werden und die Begrenzung mit den Interessen der Gesamtheit der […] Stromverbraucher vereinbar ist" (§ 40 S. 2 EEG 2012). Der Antrag ist im laufenden Jahr bis zum 30.06. zu stellen (materielle Ausschlussfrist, § 43 Abs. 1 S. 1 EEG 2012). Bei entsprechender Entscheidung („Begrenzungsbescheid") des BAFA wird der insofern privilegierte Letztverbraucher mit Wirkung zum 01. Januar des Folgejahres für die Dauer eines Kalenderjahres gem. der in § 41 EEG 2012 niedergelegten Sätze von der EEG-Umlage entlastet – genauer: Die EVU dürfen qua Begrenzungsbescheid auf die sodann privilegierten Letztverbraucher die EEG-Umlage nur noch entsprechend begrenzt überwälzen, d.h. Zahlungsansprüche mindern sich entsprechend. Damit die EVU durch die ihnen entstehenden Mindereinnahmen nicht ungleiche Belastungen erfahren und diese nicht unmittelbar durch erhöhte Preise bei nichtprivilegierten Letztverbrauchern kompensieren, sieht § 43 Abs. 3 EEG 2012 vor, dass auch die jeweiligen ÜNB die EEG-Umlage nur noch entsprechend begrenzt bei den EVU geltend machen dürfen, d.h. über die Begrenzung hinausgehende Ansprüche der ÜNB gegenüber den EVU erlöschen. Die Kosten, die privilegierte, stromintensive Letztverbraucher so „gespart" haben, werden damit (virtuell) über die EVU zu den ÜNB „zurück gewälzt"; regionale Unterschiede werden im horizontalen Belastungsausgleich eingestellt und ausgeglichen (§ 43 Abs. 3 Hs. 2 i.V.m. § 36 EEG 2012). Die durch die BAR und die entsprechenden Modifikationen des regulären Ausgleichsmechanismus entstehenden Mehrkosten bzw. Verzerrungen werden so gleichmäßig aufgeteilt. Regelmäßig ergibt sich hierdurch eine etwas erhöhte EEG-Umlage i.S.v. § 37 Abs. 2 EEG 2012 für das Folgejahr, die – wie bereits dargestellt – von den ÜNB gegenüber den EVU geltend gemacht wird, welche sie wiederum auf eine nun kleinere Anzahl von (nicht privilegierten) Letztverbrauchern umwälzen (können).

3. Beihilfenrechtliche Bewertung der „besonderen Ausgleichsregelung" nach §§ 40 ff. EEG 2012

a. Voraussetzungen aus Art. 107 Abs. 1 AEUV

Art. 107 Abs. 1 des AEUV legt fest, dass, „soweit in den Verträgen nicht etwas anderes bestimmt ist, [...] staatliche oder aus staatlichen Mitteln gewährte Beihilfen gleich welcher Art, die durch die Begünstigung bestimmter Unternehmen oder Produktionszweige den Wettbewerb verfälschen oder zu verfälschen drohen, mit dem Binnenmarkt unvereinbar [sind], soweit sie den Handel zwischen Mitgliedstaaten beeinträchtigen." Der Beihilfenbegriff ist schon primärrechtlich weitumfassend angelegt („Beihilfen gleich welcher Art") und wird auch vom EuGH in ständiger Rechtsprechung nach dem effet-utile-Grundsatz – unabhängig von der Form oder den Zielen etwaiger Subventionierungen – ausschließlich auf die begünstigende faktische Wirkung hin ausgelegt.[26]

---

26 *Bungenberg*, in: Birnstiel/Bungenberg/Heinrich, Kap. 1 Rn 1, 9 ff.

Dennoch müssen alle Tatbestandsmerkmale des Art. 107 Abs. 1 AEUV kumulativ erfüllt sein, damit es sich um eine Beihilfe handelt. Liegt nur eines der Tatbestandsmerkmale nicht vor, handelt es sich nicht um eine Beihilfe im unionsrechtlichen Sinne.[27] Die im Licht der Untersuchung stehende BAR für stromintensive Unternehmen nach dem EEG 2012 muss entsprechend alle Tatbestandsmerkmale einer Beihilfe erfüllen; andernfalls kann ein Vorgehen der Kommission gegen die mit der BAR bestehenden Umlagebefreiungen keinen Bestand haben.

b. Unproblematische Tatbestandsmerkmale

Die Mehrzahl der sich aus Art. 107 Abs. 1 AEUV ergebenden Tatbestandsmerkmale ist für die BAR der §§ 40 ff. EEG 2012 im Wesentlichen unproblematisch gegeben.

aa. Unternehmensbegriff

Um eine Beihilfe darzustellen, muss eine Subvention oder sonstige Begünstigung zunächst an ein „Unternehmen" oder bestimmten Produktionszweig im Sinne des Art. 107 AEUV gerichtet sein. Der beihilfenrechtliche Unternehmensbegriff ist mit demjenigen des unionalen Kartellrechts deckungsgleich; der damit einheitliche Unternehmensbegriff des unionalen Wettbewerbsrechts ist funktional zu verstehen und umfasst jede eine wirtschaftliche Tätigkeit ausübende Einheit, unabhängig von ihrer Rechtsform oder Finanzierungsart.[28] Vom Adressatenkreis ausgeschlossen sind lediglich Privatpersonen, Verbraucher und einzelne Arbeitnehmer – bei diesen wird unterstellt, dass es zu keiner Wettbewerbsverfälschung kommen kann.[29] Nach dem Grundsatz des § 40 EEG 2012 können lediglich stromintensive Unternehmen des produzierenden Gewerbes mit hohem Stromverbrauch oder die

---

27 *Bungenberg*, in: Birnstiel/Bungenberg/Heinrich, Kap. 1 Rn 12.
28 *V. Wallenberg/Schütte*, in: Grabitz/Hilf/Nettesheim, Art. 107 AEUV Rn 39 ff; *Bungenberg*, in: Birnstiel/Bungenberg/Heinrich, Kap. 1, Rn 28 ff; vgl. u.a. EuGH 23.4.1991 – C-41/90 (Hofner und Elser), Slg 1991, I-1979, Rn 21; EuGH 17.3.1991 – C-159 u. C-160/91 (Poucet und Pistre), Slg 1993, I-637, Rn 17; EuGH 16.11.1995 – C-244/94 (FFSA), Slg 1995, I-4013, Rn 14; EuGH 16.6.1987 – Rs 118/85 (Kommission/Italien), Slg 1987, 2599, Rn 8; EuGH 11.12.1997 – C-55/96 (Job Centre), Slg 1997, I-7119, Rn 9.
29 *Bungenberg*, in: Birnstiel/Bungenberg/Heinrich, Kap. 1, Rn 24.

Betreiber von Schienenbahnen in den Genuss einer Begrenzung der EEG-Umlage kommen; eine Umlagebefreiung für Sonstige sieht das EEG 2012 hier nicht vor. Insofern ist der Unternehmensbegriff erfüllt.

bb. Begünstigung

Auch der Begriff der Begünstigung ist im beihilfenrechtlichen Kontext denkbar weit zu verstehen.[30] Umfasst sind hiervon sowohl direkte Leistungen wie Geldzahlungen und Darlehensgewährungen als auch indirekte und steuerliche oder sonstige mittelbare Vergünstigungen oder Belastungsminderungen. Eine Begünstigung ist dann zu bejahen, wenn der erfolgten Leistung keine marktadäquate Gegenleistung gegenüber steht, d.h. wenn ein Unternehmen eine wirtschaftliche Vergünstigung erhält, die es unter normalen Marktbedingungen nicht erhalten hätte.[31] Abzustellen ist zur Beurteilung ausschließlich auf die faktisch-ökonomische Wirkung der Maßnahme – der jeweils mit ihr verfolgte Zweck (auch dessen Erreichung) sowie die gewählte Handlungsform sind insofern irrelevant.[32] Zur wirtschaftlichen Beurteilung der Frage, ob eine marktadäquate Gegenleistung vorliegt, wurde von der Kommission und in der Rechtsprechung der Unionsgerichte der sog. „private investor test" herausgearbeitet, im Rahmen dessen geprüft wird, ob ein (fiktiver) privater Investor, der nach marktwirtschaftlichen Kriterien und kaufmännischen Prinzipien agiert und insbesondere das Ziel der eigenen Gewinnmaximierung verfolgt, genauso gehandelt hätte wie die verglichene staatliche Einheit. Wenn der private Investor die in Rede stehenden Mittel zu den von der staatlichen Einheit gewählten Konditionen nicht zu gewähren bereit ist, weil die vom Begünstigten ausgegangene Gegenleistung unterhalb dessen liegt, was marktüblich zu erwarten ist, liegt eine Begünstigung im beihilfenrechtlichen Sinne vor. Bereits das Unterschreiten des Marktpreises oder üblichen Preises kann ein wichtiges Indiz für das Vorliegen einer Begünstigung sein.

---

30 So bereits EuGH 25.6.1970 – Rs 47/69 (Frankreich/Kommission), Slg. 1970, 487, Rn 16 f.
31 St. Rspr. seit EuGH 11. 7. 1996 - C-39/94 (SFEI), Slg 1996, I-3547, Rn 60.
32 Bspw. EuGH 17.6.1999 – C-75/97 (Belgien/Kommission), Slg 1999, I-3671, Rn 25; EuGH 12.12.2002 – C-5/01 (Cockerill Sambre SA), Slg 2002, I-1991, Rn 45; EuGH 29.4.2004 – C-159/01, (Niederlande/Kommission), Slg 2004, I-4461, Rn 51.

Das EEG-2012-Modell und die Privilegierung stromintensiver Unternehmen

Hinsichtlich der BAR ist zunächst festzustellen, dass den stromintensiven Unternehmen keine Zahlung gewährt wird und insofern keine direkte Begünstigung vorliegt. § 37 Abs. 2 S. 2 EEG 2012 stellt aber klar, dass die EEG-Umlage so zu kalkulieren ist, dass EVU für jede KWh Strom denselben Kosten zu tragen haben, so dass private wie gewerbliche Strombezieher grds. mit denselben Kosten kalkulieren können. Damit ist die EEG-Umlage Teil der normalen Marktbedingungen.[33] Dass mit einer Begrenzung der EEG-Umlage auf nur 10 %, 1 % oder 0,05 ct/kWh eine indirekte Begünstigung in Höhe des Betrages vorliegt, der aufgrund der Begrenzungsentscheidung nicht mehr entrichtet werden muss, liegt somit auf der Hand. Spätestens seit der *PreussenElektra*-Entscheidung des EuGH ist anerkannt, dass sich eine Begünstigung grundsätzlich auch aus einer gesetzlichen Regelung ergeben kann, die einseitig einen wirtschaftlichen Vorteil verschaffen und ohne Risiken höhere Gewinne ermöglichen kann, welche ohne die Existenz der Regelung nicht möglich wären.[34]

Fraglich ist allerdings, ob ein privater Investor unter Berücksichtigung aller Begleitumstände eine derartige Vergünstigung ebenfalls gewähren würde. Private Investoren verfolgen in aller Regel das Ziel der Gewinnmaximierung und fokussieren sich insbesondere auf die kurz- und mittelfristige Renditeerwirtschaftung. Die BAR hat ausweislich des § 40 S. 2 EEG 2012 zum Zweck, „die Stromkosten dieser Unternehmen zu senken und so ihre internationale und intermodale Wettbewerbsfähigkeit zu erhalten." Vor diesem Hintergrund stellt sich die Frage, ob ein privater Investor überhaupt in ein Unternehmen investieren würde, das zur Sicherung seiner Wettbewerbsfähigkeit erst massiv unterstützt werden muss; die kurzfristigen Renditeaussichten jedenfalls sind als eher gering zu bemessen. Zu beachten ist jedoch auch der Maßstab des sog. „long-term-investor", der sich auf Investitionen einlässt, um zunächst die Sicherstellung der Wettbewerbsfähigkeit eines Unternehmens zu erzielen, um so anschließend auf mittlere und lange Frist gesehen Renditen erwirtschaften zu können.[35] Die Einlagen eines solchen Investors würden im Laufe der Zeit reduziert, um ab einem bestimmten Zeitpunkt Gewinne abzuschöpfen. Auf die BAR nach §§ 40 ff. EEG 2012 trifft dieser Maßstab jedoch nicht zu, denn die durch

---

33 So auch *Schlacke/Kröger*, NVwZ 2013, 313 (315).
34 EuGH 13.3.2001 – C-379/98 (PreussenElektra), Slg 2001, I-2099, Rn 54.
35 Allg. *Cremer*, in: Calliess/Ruffert, EUV/AEUV, Art. 107 AEUV Rn 11; EuGH 21.3.1991 – C-303/88 (Italien/Kommission), Slg. 1991, I-1433, Rn 21 f; EuGH 24.10.1996 – C-329/93, C-62/95, C-63/95 (Bremer Vulkan/Kommission), Slg. 1996, I-5151, Rn 36.

die Umlagebegrenzung erfolgten „Einlagen" sind systemgemäß nicht degressiv angelegt, sondern werden auf Antrag jährlich neu und – bei Vorliegen der Anspruchsvoraussetzungen – in voller Höhe vergeben und würden angesichts des in den vergangenen Jahren gestiegenen Betrags der EEG-Umlage sowie der Zahl der Anspruchsberechtigten absolut gesehen sogar eher steigen als fallen.[36]

Auch ist seitens der stromintensiven Unternehmen keinerlei Gegenleistung – geschweige denn eine solche marktadäquater Art – ersichtlich. Das Erreichen des in § 40 S. 2 EEG 2012 aufgeführten Zwecks für sich genommen kann eine solche Gegenleistung nicht darstellen, denn es handelt sich schon im Wortsinne nicht um eine „Gegenleistung" – es wird weder etwas auf eigenständige Weise geleistet noch ist irgendeine Art Austauschverhältnis erkennbar, wenn mittelbare volkswirtschaftliche Effekte im Marginalbereich ausgeklammert werden. Vielmehr hängt das Erreichen dieser Ziele ausschließlich von der staatlicherseits erbrachten „Leistung" der Umlagebegrenzung ab.

Demnach liegt bei der BAR eine Begünstigung im beihilfenrechtlichen Sinne vor, da eine Verminderung von Belastungen erfolgt, ohne dass unter Beachtung aller Umstände eine marktadäquate Gegenleistung erbracht würde.[37]

cc. Selektivität

Eng verwoben mit dem Unternehmensbegriff und dem Vorliegen einer Begünstigung ist auch die Frage der Selektivität einer Beihilfe. Eine Zuwendung oder sonstige Begünstigung muss hinsichtlich ihrer faktischen Auswirkungen lediglich *bestimmten* Unternehmen oder Produktionszweigen, nicht aber ganzen Wirtschaftszweigen oder Regionen zukommen, um eine Beihilfe darzustellen. Mithilfe des Selektivitätskriteriums werden Maßnahmen der grundsätzlich zulässigen allgemeinen wirtschaftlichen Lenkung

---

36 Ähnlich bei *Pomana*, S. 348.
37 So i.E. auch *Greinacher*, ER 2013, 97 (98); *Ludwigs*, REE 2014, 65 (69); *Frenz/Wimmers*, WiVerw 2014, 30 (46); *Schlacke/Kröger*, NVwZ 2013, 313 (315).

von im Grundsatz unzulässigen staatlichen Einzelinterventionen abgegrenzt.[38] Es ist im Einzelfall zu untersuchen, ob die zu überprüfende Beihilfenmaßnahme einen bestimmten, definierbaren Kreis an Begünstigten betrifft, der sich klar von Nichtbegünstigten abgrenzen lässt.[39] In der Rechtsprechung des EuGH hat sich ein weites Verständnis der Selektivität herausgebildet, wonach bereits die Herausnahme einiger weniger Unternehmen aus einem großen Kreis von Begünstigten als selektive Maßnahme zu werten ist.[40] Auch ist nicht von Bedeutung, ob eine selektive Begünstigung de facto eingetreten ist; hinreichend ist bereits allein die Möglichkeit des Eintretens.[41]

Die Bestimmungen des EEG 2012 zur BAR sind so gefasst, dass jedes Unternehmen i.S.v. §§ 40 und 3 Nr. 13, 14 EEG 2012, das die Voraussetzungen aus § 41 EEG 2012 (bzw. für Schienenbahnen § 42 EEG 2012) erfüllt, in den Genuss der Umlagebegrenzung kommt (vgl. im Einzelnen oben 2. b.). § 40 EEG 2012 sieht insofern eine gebundene Entscheidung vor, die eine mögliche Umlagebegrenzung starr an die Tatbestandsvoraussetzungen der Norm bindet. Der Kreis der Begünstigten ist damit klar umrissen („stromintensive Unternehmen des produzierenden Gewerbes mit hohem Stromverbrauch oder Schienenbahnen") und schließt all diejenigen, die mindestens eines der Tatbestandsmerkmale nicht erfüllen, insbesondere alle Unternehmen, die nicht dem stromintensiven, produzierenden Gewerbe zuzuordnen sind, klar vom Anwendungsbereich der BAR aus. Das Erfordernis eines Mindeststrombezugs sowie eines bestimmten Verhältnisses der Stromkosten zur Bruttowertschöpfung von 14 % führte in der Vergangenheit dazu, dass insbesondere die Branchen Chemie, Papier, Eisen und Stahl sowie Nichteisenmetalle in den Genuss der Umlagebegrenzung kamen.[42] Die

---

38 Vgl. näher *Bungenberg*, in: Birnstiel/Bungenberg/Heinrich, Kap. 1, Rn 16; *Pache/Pieper*, in: Birnstiel/Bungenberg/Heinrich, Kap. 1, Rn 205 ff.
39 *Pache/Pieper*, in: Birnstiel/Bungenberg/Heinrich, Kap. 1, Rn 210.
40 EuGH 13.2.2002 – C-409/00 (Spanien/Kommission), Slg 2003, I-1487, Rn 48; EuGH 8.11.2001 – C-143/99 (Adria-Wien Pipeline), Slg 2001, I-8365; EuGH 17.6.1999 – C-75/97 (Belgien/Kommission), Slg 1999, I-3671, Rn 32; *Pache/Pieper*, in: Birnstiel/Bungenberg/Heinrich, Kap. 1, Rn 211.
41 EuGH 17.6.1999 – C-295/97 (Piaggio), Slg 1999, I-3735, Rn 34 ff.; EuGH 15.11.2011 – verb Rs C-106/09 P und C-107/09 P (Gibraltar), Slg 2011, I-5340, Rn 93.
42 *Schlacke/Kröger*, NVwZ 2013, 313 (316).

Umlagebegrenzung ist damit, wenngleich sektorenübergreifend, auf Unternehmen mit bestimmten Merkmalen begrenzt und wirkt somit selektiv.[43]

dd. (Drohende) Wettbewerbsverfälschung und Beeinträchtigung des zwischenstaatlichen Handels

Außer den bereits angesprochenen Voraussetzungen muss eine wie auch immer geartete staatliche Fördermaßnahme auch den Wettbewerb verfälschen oder jedenfalls zu verfälschen drohen, um eine Beihilfe darstellen zu können. Eine Wettbewerbsverfälschung ist gegeben, wenn sich die Marktbedingungen für einen oder einige Marktteilnehmer durch staatliche Einflussnahme einseitig ändern oder zu ändern drohen und insofern ein oder mehrere Wettbewerber gegenüber anderen gestärkt werden.[44] Durch die BAR wird die Wettbewerbsposition von stromintensiven Unternehmen, die alle Voraussetzungen des § 41 EEG 2012 erfüllen, gestärkt, indem durch die Umlagebegrenzung die Bezugskosten des wesentlichen Standort-, Wettbewerbs- und Produktionsfaktors Strom wesentlich verringert und so marktübliche Belastungen abgenommen werden. Ihr Marktzutritt bzw. die Behauptung am Markt wird den umlagebegünstigten Unternehmen dadurch erleichtert; im gleichen Maße werden Marktzutritt und Wettbewerbsposition der nichtprivilegierten Unternehmen erschwert. Eine zumindest potenzielle Wettbewerbsverfälschung ist durch die Belastungsabnahme somit gegeben.[45] Auch eine zumindest potenzielle Beeinträchtigung des zwischenstaatlichen Handels ist kaum von der Hand zu weisen, denn die Auswirkun-

---

43 So i.E. auch *Ludwigs*, REE 2014, 65 (69); *Greinacher*, ER 2013, 97 (98 f.); *Schlacke/Kröger*, NVwZ 2013, 313 (316); *Bloch*, RdE 2014, 14 (15 f.); vgl. auch KOM, Eröffnungsbeschluss Rn 79; a.A. *Reuter*, RdE 2014, 160 (161 ff.), demzufolge die BAR lediglich eine „Differenzierung aus der Natur und dem inneren Aufbau der Lastenregelung" sei, die nicht selektiv wirke.

44 Bereits EuGH 17.11.1980 – Rs 730/79 (Philip Morris/Kommission), Slg. 1980, 2671, Rn 11.

45 In diesem Sinne EuGH 20.11.2003 – C-126/01 (GEMO), Slg. 2003, I-13769, Rn 42; so auch *Schlacke/Kröger*, NVwZ 2013, 313 (316); *Ludwigs*, REE 2014, 65 (69 f.); *Bloch*, RdE 2014, 14 (20); *Greinacher*, ER 2013, 97 (99); a.A. *Reuter*, RdE 2014, 160 (160 f.), demzufolge die besondere Ausgleichsregelung Wettbewerbsverzerrungen verringere, da die EEG-Umlage der deutschen stromintensiven Industrie eine „schwere Last" auferlege, die in anderen Mitgliedstaaten nicht zu tragen sei.

gen der durch die Umlagebegrenzung erfolgenden Förderung haben grenzüberschreitende Auswirkungen. Die stromintensive Industrie agiert fraglos international, so dass nicht lediglich kleine bzw. lokale begrenzte Inlandsmärkte betroffen sind.[46] Vielmehr erhöhen sich dadurch die Chancen der privilegierten Unternehmen nicht nur im Inland, sondern auch im gesamten Binnenmarkt, indem diese unter vereinfachten Bedingungen ihren Tätigkeitsbereich auf andere Mitgliedstaaten ausdehnen können. Im gleichen Maße erschweren sich die Möglichkeiten in anderen Mitgliedstaaten sitzhabender Unternehmen, auf dem deutschen Markt zu erstarken.[47]

Der Einwand, dass die Befreiung von EEG-Umlage, welche ausländische Unternehmen nicht zu tragen haben, letztlich nur dem Ausgleich dieser spezifisch-deutschen Mehrbelastung diene und insofern in der Umlagebegrenzung nur ein Nachteilsausgleich zu sehen sei,[48] greift letztlich auch nicht, da bereits eine potenzielle, drohende Wettbewerbsverzerrung bzw. Beeinträchtigung des zwischenstaatlichen Handels genügt und die Rechtsprechung des EuGH auch kein Spürbarkeitskriterium wie bei der Warenverkehrsfreiheit aufgestellt hat.[49] Insofern trägt bereits der Hinweis der Kommission, die Bundesrepublik Deutschland habe jedenfalls nicht nachgewiesen, dass auch eine geringer ausfallende Umlagebegrenzung noch dem Ausgleich der Mehrbelastung dienen könne.[50] Aufgrund der zweifelhaften Verhältnismäßigkeit ist damit in der BAR in ihrer Ausgestaltung im EEG 2012 jedenfalls eine drohende Wettbewerbsverfälschung und Handelsbeeinträchtigung gegeben. Letztlich würde ansonsten der Wettbewerb zu Lasten eines „Subventionswettlaufs" beeinträchtigt, den der Binnenmarkt gerade vermeiden soll.[51] Im Eröffnungsbeschluss stellt die Kommission entsprechend schlicht fest, dass „[...] die potenziellen Begünstigten [...] Hersteller von stromintensiven Erzeugnissen [...] und in Branchen tätig [sind], in denen Handel zwischen den Mitgliedstaaten stattfindet. Die Maßnahme ist daher imstande, den Wettbewerb zu verfälschen und den Handel zu beeinträchtigen."[52]

---

46 So auch *Greinacher,* ER 2013, 97 (99).
47 *Ismer/Karch,* ZUR 2013, 526 (533); *Schlacke/Kröger,* NVwZ 2013, 313 (316).
48 *Schlacke/Kröger,* NVwZ 2013, 313 (316).
49 So auch *Ludwigs,* REE 2014, 65 (70); *Bloch,* RdE 2014, 14 (20).
50 KOM, Eröffnungsbeschluss, Rn 238 ff.
51 *Bloch,* RdE 2014, 14 (20).
52 KOM, Eröffnungsbeschluss, Rn 79.

ee. Spürbarkeit der Beeinträchtigung i.S.d. der De-Minimis-Verordnung

Nach Art. 3 Abs. 1, Abs. 2 der sog. „De-Minimis-Verordnung"[53] gelten Beihilfen an ein einziges Unternehmen, die einen Betrag von 200.000 EUR (im gewerblichen Straßengüterverkehr 100.000 EUR) innerhalb dreier Steuerjahre nicht überschreiten, nicht als anzumeldende Beihilfen und sind damit de facto vom unionsrechtlichen Beihilfenregime ausgeklammert. Dies dürfte jedoch für die wenigsten Unternehmen in Frage kommen: Schon bei einem Strombezug von jährlich etwa 2 GWh betragen die durch die Regelungen der BAR eingesparten Kosten mehr als 200.000 EUR.[54]

ff. Altmark-Kriterien

Da dem EEG-Ausgleichsmechanismus und insbesondere der teilweise Befreiung stromintensiver Unternehmen von Kosten im Rahmen dieser Wälzung keinerlei gemeinwirtschaftliche Verpflichtungen immanent sind, sind die vier vom EuGH in Sachen *Altmark Trans*[55] aufgestellten Kriterien, bei deren Erfüllung eine mit Dienstleistungen von allgemeinem wirtschaftlichen Interesse behaftete Maßnahme vom Beihilfenrechtsregime auszuklammern ist, hier von vornherein nicht einschlägig.[56]

c. Problematisch: Staatliche bzw. aus staatlichen Mitteln gewährte Beihilfe

Die Krux bei der beihilfenrechtlichen Beurteilung der BAR stellt das Erfordernis der „Staatlichkeit" dar. Art. 107 Abs. 1 AEUV verlangt, dass eine Beihilfe „staatlich oder aus staatlichen Mitteln gewährt" sein muss, um so

---

53   Verordnung (EU) Nr. 1407/2013 der Kommission vom 18. Dezember 2013 über die Anwendung der Artikel 107 und 108 des Vertrags über die Arbeitsweise der Europäischen Union auf De-minimis-Beihilfen, ABl. 2013 L 352/1 v. 24.12.2013.
54   Bei einem Selbstbehalt von 1 GWh, für die die volle Umlage zu entrichten ist und einer Begrenzung über die erste GWh hinaus auf 10 % der Umlage (= 90 % Beihilfe) ergibt sich unter Zugrundelegung einer EEG-Umlage von 3,59 ct/kWh (2012), 5,28 ct/kWh (2013) und 6,24 ct/kWh (2014) ohne Berücksichtigung von etwaigen Besonderheiten ein Beihilfenvolumen von 200.610 EUR.
55   EuGH 24.7.2003 – C-280/00 (Altmark Trans), Slg. 2003, I-7747, Rn 87 ff.
56   *Ludwigs*, REE 2014, 65 (69); *Ismer/Karch*, ZUR 2013, 526 (533).

rein privatwirtschaftlich gewährte Vergünstigungen etc. vom Beihilfenregime auszunehmen. Schon der Wortlaut der Norm deutet aber an, dass nicht nur unmittelbar vom Staat selbst ausbezahlte Leistungen als Beihilfen einzustufen sind, sondern unter bestimmten Umständen auch solche, die durch vom Staat benannte oder errichtete Einrichtungen gewährt werden.[57] Die Rechtsprechung hat das Tatbestandsmerkmal der „Staatlichkeit" dahingehend präzisiert, dass zum einen die eingesetzten Mittel selbst (durch eine Belastung des Staatshaushalts), zum anderen aber auch die konkrete Gewährung (durch das Wirken staatlicher Entscheidungsträger bzw. die hoheitliche Einflussnahme auf die Verwaltung und Verwendung der Mittel) dem Staat zurechenbar sein müssen.[58] Vor diesem Hintergrund ist der BAR nach §§ 40 ff. EEG 2012 gleichsam eine „doppelte Zurechenbarkeit"[59] zum Staat nachzuweisen, um sie als Beihilfe einstufen zu können.

Gegenstand des mit der *Stardust*-Rechtsprechung eingeführten Kriteriums der Zurechenbarkeit ist die Frage, ob die in Rede stehenden mutmaßlichen Beihilfen von staatlichen Entscheidungsträgern herrühren.[60] Die Zurechenbarkeit ist gegeben, wenn angenommen werden kann, dass öffentliche Stellen am Erlass der in Rede stehenden Maßnahmen beteiligt waren; hierzu reicht schon, dass etwa ein Ausgleichsmechanismus durch Gesetz eingeführt wurde.[61] Nach diesen Voraussetzungen ist der vom Bundesgesetzgeber im Grundsatz schon mit dem StromEinspG eingeführte, mit dem EEG 2009 und dem EEG 2012 maßgeblich weiterentwickelte und normativ verdichtete, überdies auch durch AusglMechV und AusglMechAV weiter

---

57 St. Rspr. u.a. EuGH 24.1.1978 – Rs 82/77 (van Tiggele), Slg. 1978, 25, Rn 24 f.; EuGH 17.3.1993 – C-72/91 u. C-73/91 (Sloman Neptun), Slg. 1993, I-887, Rn 19; EuGH 30.11.1993 – C-189/91 (Kirsammer-Hack), Slg. 1993, I-6185, Rn 16; EuGH 7.5.1998 – C-52/97 - C-54/97 (Viscido), Slg. 1998, I-2629, Rn 13; EuGH 1.12.1998 – C-200/97 (Ecotrade), Slg. 1998, I-7907, Rn 35; EuGH 17.6.1999 – C-295/97 (Piaggio), Slg. 1999, I-3735, Rn 35; EuGH 13.3.2001 – C-379/98 (PreussenElektra), Slg. 2001, I-2099, Rn 58.
58 So insbesondere in den Rs EuGH 13.3.2001 – C-379/98 (PreussenElektra), Slg. 2001, I-2099 und EuGH 16.5.2002 – C-482/99 (Stardust Marine), Slg 2002, I-4397); *Soltész,* ZWeR 2010, 198 (199); *Bartosch,* EU-Beihilfenrecht, Art. 87 Abs. 1 EGV Rn 111.
59 *Soltész,* ZWeR 2010, 198 (199 f.).
60 *Soltész,* ZWeR 2010, 198 (200).
61 Zuletzt EuGH 19.12.2013 – C-262/12 (Vent de Colère), noch nicht in amtl. Slg erschienen, Rn 17 f.

ausgeformte Umlagemechanismus problemlos den Staat zuzurechnen.[62] Dass das BAFA als Bundesoberbehörde zuständig für den Erlass von Umlagebegrenzungsbescheiden ist und die Bundesnetzagentur als Aufsichtsbehörde bestellt ist, tut ein Übriges.[63] Im Eröffnungsbeschluss bejaht die Kommission die Zurechenbarkeit entsprechend knapp in einem Satz.[64]

Wesentlich weniger eindeutig ist hingegen, ob die in Rede stehenden Mittel – die nach den Regelungen des EEG 2012 erfolgende Begrenzung der grundsätzlich voll zu leistenden EEG-Umlage – aus staatlichen Mitteln stammen. Wesentliches Kriterium hierfür ist eine Belastung des Staatshaushalts.[65] Jedoch ist nicht ersichtlich, dass hierdurch unmittelbar oder mittelbar der staatliche Haushalt betroffen würde. Vielmehr berührt der EEG-Ausgleichsmechanismus ausschließlich private Stellen, angefangen bei den Betreibern von EE-Anlagen über die involvierten VNB und ÜNB bis hin zu den EVU sowie den privilegierten wie nichtprivilegierten Letztverbrauchern. Vordergründig betrachtet bieten sich somit keine Anhaltspunkte für eine Haushaltsbelastung und damit Staatlichkeit der BAR. Die unionale Rechtsprechung hat den Begriff der Staatlichkeit jedoch vielfach allgemein präzisiert (nachfolgend aa.) und auch zu teils sehr ähnlich ausgestalteten Umlagesystemen zur Förderung Erneuerbarer Energien in anderen Mitgliedstaaten deutlich Stellung zur Frage der Staatlichkeit bezogen (sodann bb. – ee.). Eine Bewertung der Staatlichkeit der BAR muss diese Vorgaben zwingend beachten (ff.).

aa. Allgemeine Präzisierungen in der Rechtsprechung

Der EuGH hat schon frühzeitig im Grundsatz anerkannt, dass es zur Bejahung ihrer Staatlichkeit nicht zwangsläufig einer *direkten* Übertragung von Mitteln und damit einer buchmäßigen Belastung des Staatshaushalts bedarf. Vielmehr sind auch solche Mittel erfasst, auf welche „die Behörden tatsächlich […] zurückgreifen können, ohne dass es dafür eine Rolle spielt, ob

---

62 So auch *Pomana*, S. 379; *Ismer/Karch*, ZUR 2013, 526 (533 f.); *Ludwigs*, REE 2014, 65 (70); *Graf v. Kielmansegg*, WiVerw 2014, 103 (110); a.A. *Greinacher*, ER 2013, 97 (110).
63 *Ludwigs*, REE 2014, 65 (70).
64 KOM, Eröffnungsbeschluss, Rn 80
65 *Soltész*, ZWeR 2010, 198 (199).

diese Mittel auf Dauer zum Vermögen des Staates gehören."[66] Auch wenn die der fraglichen Maßnahme gewidmeten Beträge nicht auf Dauer dem Staat gehören, genügt also der Umstand, dass sie ständig unter staatlicher Kontrolle und somit zur Verfügung der zuständigen nationalen Behörden stehen, damit sie als staatliche Mittel qualifiziert werden können.[67] Aus der Rechtsprechung des EuGH geht zudem hervor, dass nicht in jedem Fall tatsächlich festgestellt werden muss, dass eine Übertragung staatlicher Mittel stattgefunden hat, damit ein gewährter Vorteil als eine staatliche Beihilfe angesehen werden kann.[68] Auch die *private* Herkunft von Mitteln[69] sowie der Umstand, dass eine Fördermaßnahme aufgrund staatlicher Anordnung aus Beiträgen Privater getragen wird, können den staatlichen Charakter nicht gänzlich ausschließen.[70] Ebenso hat der Gerichtshof anerkannt, dass auch der Umstand, dass nicht öffentliche, sondern lediglich private Unternehmen mit der Erhebung und/oder Verteilung von Mitteln betraut sind, die Qualifikation einer Maßnahme als staatliche Beihilfe nicht per se auszuschließen vermag.[71] Eine tatsächlich fehlende direkte Haushaltswirksamkeit der BAR des EEG 2012 steht damit ihrer beihilfenrechtlichen Relevanz jedenfalls nicht grundsätzlich entgegen.

---

66 EuGH 16.5.2002 – C-482/99 (Stardust Marine), Slg 2002, I-4397, Rn 37; EuGH 30.5.2013 – C-677/11 (Doux Élevage SNC), noch nicht in amtl. Slg erschienen, Rn 34 f.
67 EuGH 16.5.2002 – C-482/99 (Stardust Marine), Slg 2002, I-4397, Rn 36 f.; EuGH 30.5.2013 – C-677/11 (Doux Élevage SNC), noch nicht in amtl. Slg erschienen, Rn 35.
68 EuGH 16.5.2002 – C-482/99 (Stardust Marine), Slg 2002, I-4397, Rn 36 m.w.N.
69 EuG 12.12.1996 – T-358/94 (Air France/Kommission), Slg 1996, II-2109, Rn 63-69.
70 EuG 27.12.2012 – T-139/09 (Frankreich/Kommission), noch nicht in amtl. Slg erschienen, Rn 61; EuGH 19.12.2013 – C-262/12 (Vent de Colère), noch nicht in amtl. Slg erschienen, Rn 19 m.w.N.
71 EuGH 20.11.2003 – C-126/01 (GEMO), Slg. 2003, I-13769, Rn 26; EuGH 22.3.1977 – Rs 78/76 (Steinike & Weinlig), Slg. 1977, 595, Rn 21; m.w.N.; EuGH 19.12.2013 – C-262/12 (Vent de Colère), noch nicht in amtl. Slg erschienen, Rn 20 m.w.N.; *Säcker/Schmitz,* NZKart 2014, 202 (202).

bb. EuGH-Entscheidung „PreussenElektra"

Vielfach wird die Rechtsprechung des Gerichtshofes in Sachen *PreussenElektra*[72] zur Beurteilung der BAR als Referenz herangezogen. Gegenstand dieses Vorlageverfahrens waren die Abnahme- und Vergütungspflichten des deutschen Stromeinspeisungsgesetzes (StromEinspG)[73], das als Vorgängerregelung des EEG ebenfalls EVU dazu verpflichtete, von Betreibern von Anlagen zur Gewinnung von Strom aus regenerativen Quellen den in diesen Anlagen erzeugten Strom zu einem über dem Marktwert liegenden Mindestpreis abzunehmen. Hier waren jedoch lediglich die Abnahme- und Vergütungsverpflichtung (§ 2 StromEinspG) und die Höhe der Vergütung (§ 3 StromEinspG) geregelt. Eine Regelung über den Ablauf einer Vergütungszahlung bestand ebenso wenig wie über etwaige Aufsichtspflichten durch staatliche Stellen.

Das Merkmal der Staatlichkeit in *PreussenElektra* wurde durch den EuGH verneint, da die Abnahme- und Vergütungspflichten des StromEinspG nach seiner Ansicht „nicht zu einer unmittelbaren oder mittelbaren Übertragung staatlicher Mittel auf die Unternehmen, die diesen Strom erzeugen"[74] führte. Im Endeffekt beinhaltete das StromEinspG nur einen staatlicherseits festgelegten Kontrahierungszwang zwischen Privaten und die Festsetzung von Mindestpreisen, die die Erzeuger Erneuerbarer Energien begünstigen sollten. Schon im Fall *van Tiggele* hatte der EuGH ähnlich argumentiert, indem er staatlich festgelegte Mindestpreise, die allein zu Lasten der Verbraucher gingen, aufgrund einer fehlenden Belastung des Staatshaushaltes nicht als Beihilfe qualifizierte.[75] Sämtliche Zahlungen und sonstigen administrativen Tätigkeiten blieben nach den Regelungen des StromEinspG, von der Preisfestsetzung abgesehen, dem Grunde und der Ausgestaltung nach vollständig Privaten überlassen. Die finanzielle Förderung der Erzeuger Erneuerbarer Energien stammte auch nicht aus Mitteln der öffentlichen Hand, sondern aus Mitteln privater Unternehmen. Da es über diese Normierungen hinaus an sonstigem Regelungsgeflecht fehlte, blieben dadurch auch sämtliche Markt- und Allokationskräfte im Wesentlichen unberührt von staatlichen Einflüssen. Die Rechtsprechung des EuGH

---

72 EuGH 13.3.2001 – C-379/98 (PreussenElektra), Slg. 2001, I-2099.
73 Gesetz über die Einspeisung von Strom aus Erneuerbaren Energien ist das öffentliche Netz (Stromeinspeisungsgesetz – StromEinspG) vom 7.12.1990, BGBl. I, 2633.
74 EuGH 13.3.2001 – C-379/98 (PreussenElektra), Slg. 2001, I-2099, Rn 59.
75 EuGH 24.1.1978 – Rs 82/77 (van Tiggele), Slg. 1978, 25, Rn 23 ff.

in Sachen *PreussenElektra* zu den Regelungen des StromEinspG ist insofern auch als folgerichtig einzustufen, da weder eine Belastung des Staatshaushalts ersichtlich noch eine dezidierte staatliche Lenkung des Mittelflusses zwischen Privaten erkenntlich war. Die Einspeise- und Vergütungspflicht nach dem StromEinspG stellte insofern keine Beihilfe dar. Auch das EEG 2000, die dem StromEinspG nachfolgende Regelung, wurde von der Kommission unter Rückgriff auf die *PreussenElektra*-Judikatur noch nicht als Beihilfe eingestuft.[76]

cc. EuGH-Entscheidung „Essent"

Eine wichtige und grundsätzliche Präzisierung des Begriffs der Staatlichkeit der Mittel erfolgte im Jahre 2008 im Rahmen der Rechtssache *Essent*.[77] Diese betraf eine niederländische gesetzliche Regelung, nach der Stromabnehmer jährlich festgesetzte Aufschläge auf den Strompreis zahlen mussten und diese über die Netzbetreiber (u.a. Essent Netwerk Noord B.V.) an eine vom Staat benannte private Einrichtung (Samenwerkende Elektriciteits Produktiebedrijven NV, kurz SEP) weitergeleitet wurden. Letztere war mit der Verwaltung dieses Aufkommens beauftragt und leitete dieses an bestimmte, begünstigte private Energieversorgungsunternehmen weiter. Das Umlagesystem diente den Begünstigten zur Deckung von nicht refinanzierbaren Kosten, die aufgrund der Energiemarktliberalisierung aus Altinvestitionen aufkamen. In der *Essent*-Entscheidung bejahte der EuGH die Staatlichkeit der in Rede stehenden Mittel und stellte fest, dass diese nicht mehr unter privater, sondern unter staatlicher Kontrolle standen. Als Argument führte er an, dass die SEP als private Einrichtung durch Gesetz mit einer Dienstleistung von allgemeinem wirtschaftlichem Interesse betraut sei und über keine Möglichkeit verfüge, das Aufkommen aus der Abgabe für andere als die im Gesetz vorgesehenen Zwecke zu verwenden.[78] Entsprechend wurde die SEP auch streng kontrolliert, indem sie ihre Abrechnung durch einen Wirtschaftsprüfer bestätigen lassen musste. Aufgrund dessen stand das finanzielle Aufkommen aus der Abgabe unter öffentlicher Kontrolle und somit im Einflussbereich der nationalen Behörden.[79] Letztlich ist so

---

76 KOM, 22.5.2002, NN 27/2000, ABl 2002 C 164/5.
77 EuGH 17.7.2008 – C-206/06 (Essent), Slg. 2008, I-5497.
78 EuGH 17.7.2008 – C-206/06 (Essent), Slg. 2008, I-5497, Rn 72.
79 EuGH 17.7.2008 – C-206/06 (Essent), Slg. 2008, I-5497, Rn 69 f.

eine staatlich veranlasste Einschränkung der Privatautonomie und somit auch der Allokationskräfte des Marktes gegeben; auch eine nicht den Staatshaushalt unmittelbar berührende, aber von staatlichen Stellen Privaten anvertraute und kleinteilig durchdirigierte Abgabenverwaltung steht der Staatlichkeit von Mitteln damit nicht entgegen.[80]

Der EuGH betonte in diesem Urteil auch den Unterschied zur *PreussenElektra*-Rechtsprechung: Dort war keine vom Staat initiierte Stelle zwischengeschaltet, bei der zunächst die Mittel zusammen kamen. Die EVU waren nicht vom Staat mit der Verwaltung staatlicher Mittel beauftragt worden, sondern lediglich einfachgesetzlich ohne Festlegung weiterer Details zur Abnahme unter Einsatz ihrer eigenen finanziellen Mittel verpflichtet.[81]

dd. EuGH-Entscheidung „Vent de Colère"

Gegenstand dieses (am Tage nach dem Eröffnungsbeschluss[82] über das förmliche Prüfverfahren zum EEG entschiedenen) Verfahrens[83] war eine französische Regelung, die recht ähnlich dem deutschen Ausgleichsmechanismus bestimmt, dass die Netzbetreiber und Stromhändler den aus französischen Windkraftanlagen erzeugten Strom zu Preisen über dem Marktpreis abnehmen müssen. Die hierdurch entstehenden Kosten müssen die Endverbraucher in Frankreich durch Preisaufschläge tragen; diese werden von der *Caisse des dépôts et consignations* (Hinterlegungs- und Konsignationszentralkasse) verwaltet. Der EuGH bejahte hier den Einsatz staatlicher Mittel, wofür er eine Reihe an Argumenten anführte: Zunächst ist die *Caisse* eine vom Staat beauftragte und in den Staatsapparat eingegliederte öffentliche Einrichtung und nimmt als solche Verwaltungsleistungen für Rechnung der *Commission de régulation de l'énergie* (frz. Regulierungsbehörde) wahr.[84] Obwohl es sich bei der *Caisse* um eine öffentliche Einrichtung handelte,

---

80 *Ludwigs,* REE 2014, 65 (71); *Ernst/Koenig,* EnZW 2012, 51 (52).
81 EuGH 17.7.2008 – C-206/06 (Essent), Slg. 2008, I-5497, Rn 74.
82 Der Eröffnungsbeschluss datiert auf den 18.12.2013.
83 EuGH 19.12.2013 – C-262/12 (Vent de Colère), noch nicht in amtl. Slg erschienen; der Schlussantrag des GA Jääskinen lag jedoch bereits am 11.7.2013 vor und hätte von der Kommission beachtet werden können; *Böhme/Schellberg,* EnWZ 2014, 147 (149).
84 EuGH 19.12.2013 – C-262/12 (Vent de Colère), noch nicht in amtl. Slg erschienen, Rn 30.

wies der EuGH vorsorglich und klarstellend darauf hin, dass vom beihilfenrechtlichen Staatlichkeitsbegriff nicht nur unmittelbar vom Staat gewährte, „sondern auch Vorteile einbezogen werden, die durch von ihm zur Durchführung der Beihilferegelung errichtete oder damit beauftragte öffentliche oder private [Hervorhebung durch Verf.] Einrichtungen gewährt werden."[85] Zudem werden die konkret zu erstattenden Belastungen jährlich vom Energieminister auf Vorschlag der Regulierungskommission für Energie festgesetzt. Die eingezogenen Beträge werden außerdem auf einem Sonderkonto der *Caisse* zentral zusammenfasst, bevor sie weitergeleitet werden, so dass auch keinerlei Disposition über die Mittel besteht. Die erhobenen Beträge könnten zwar angelegt und Erträge mit den Abgaben des Folgejahres verrechnet werden; die *Caisse* erwirtschaftet aber keinen Gewinn aus dieser Tätigkeit, ihre Verwaltungskosten werden auf die von den Stromendverbrauchern erhobenen Abgaben angerechnet.[86] Die *Caisse* stellt im Übrigen auch den Zahlungsverzug und den Zahlungsausfall von Endverbrauchern fest und unterrichtet den Überwachungsausschuss hiervon; Zahlungsverzug ist mit verwaltungsrechtlichen Sanktionen belegt.[87]

Ähnlich wie in der Sache *Essent* stellte der Gerichtshof auch in Sachen „*Vent de Colère*" deutliche Unterschiede zu *PreussenElektra* heraus. Dort waren die in Rede stehenden Mittel zu keinem Zeitpunkt als staatlich zu qualifizieren, da es sich um eine reine Mindestpreisfestsetzung handelte und ein simples Umlagesystem eingerichtet wurde, das kein Unternehmen mit der Verwaltung staatlicher Mittel beauftragte, sondern lediglich Netzbetreiber zur Abnahme von EE-Strom unter Einsatz der eigenen Mittel verpflichtete.[88] Im Gegenzug dazu sei in der Sache *Vent de Colère* ein Mechanismus zu sehen, „[…] mit dem die Mehrkosten, die Unternehmen durch eine Abnahmepflicht für Strom aus Windkraftanlagen zu einem Preis über dem Marktpreis entstehen, vollständig ausgeglichen werden und dessen Finanzierung von allen im Inland wohnhaften Stromendverbrauchern getragen

---

85 EuGH 19.12.2013 – C-262/12 (Vent de Colère), noch nicht in amtl. Slg erschienen, Rn 20.
86 EuGH 19.12.2013 – C-262/12 (Vent de Colère), noch nicht in amtl. Slg erschienen, Rn 31 f.
87 EuGH 19.12.2013 – C-262/12 (Vent de Colère), noch nicht in amtl. Slg erschienen, Rn 24, 30.
88 EuGH 19.12.2013 – C-262/12 (Vent de Colère), noch nicht in amtl. Slg erschienen, Rn 34-36.

wird [...]." Es handele sich somit um eine Maßnahme unter Inanspruchnahme staatlicher Mittel.[89]

ee. Kommissionsentscheidung „Ökostromgesetz Österreich"

In einer Linie mit den zuvor skizzierten Judikaten steht auch eine Entscheidung der Kommission zum Österreichischen Ökostromgesetz[90] (ÖSG), die aufgrund ihrer besonderen Nähe zum Verfahren über die BAR im EEG 2012 in die Untersuchung mit aufgenommen werden soll. Gemäß dem 3. Teil des ÖSG hatte die Republik Österreich eine Konzession zur Ausführung der Aufgaben der Ökostromabwicklungsstelle, welche zu einem Festpreis Ökostrom von Erzeugern kaufen und diesen Ökostrom zu einem Festpreis an Stromversorgungsunternehmen verkaufen soll, an das private Unternehmen OeMAG als einzigen Konzessionsinhaber erteilt. Stromversorgungsunternehmen waren verpflichtet, einen bestimmten Prozentsatz ihres Gesamtangebots von der OeMAG zu beziehen, konnten die Belastungen hieraus aber an die Stromverbraucher weiter geben. Auf Grundlage des Gesetzes konnten energieintensive Unternehmen bei ihren Stromversorgern beantragen, nicht mit Ökostrom beliefert zu werden; wurde eine solche Befreiung erteilt, war es den Stromversorgern untersagt, diese Unternehmen weiterhin mit den Mehrkosten für Ökostrom zu belasten. Die Kommission bejahte hier die Staatlichkeit der Mittel, da die OeMAG eine vom Staat zwischengeschaltete Einrichtung sei, die die auflaufenden Gelder verwaltet; die aufgelaufenen Mittel dürfen nur zu bestimmten Zwecken verwendet werden. Gleichzeitig beaufsichtigte und kontrollierte der Staat die Tätigkeit der OeMAG. Zudem sah das System auch direkte Zahlungen des Staates an die OeMAG vor. Außerdem erfolgt auch eine strenge Kontrolle seitens des Staats. Ein Verzicht bzw. ein Nachlass auf die Abgabe stellte somit auch eine Belastung des staatlichen Haushalts dar.[91]

---

89 EuGH 19.12.2013 – C-262/12 (Vent de Colère), noch nicht in amtl. Slg erschienen, Rn 37.
90 KOM, 8.3.2011 – K (2011) 1363 endg. (ex N 446/08) – Ökostromgesetz Österreich.
91 KOM, 8.3.2011 – K (2011) 1363 endg. (ex N 446/08) – Ökostromgesetz Österreich, Rn 84.

ff. Übertragbarkeit der Rechtsprechung auf die besondere Ausgleichsregelung im EEG 2012

Die Staatlichkeit der BAR und damit ihre beihilfenrechtliche Relevanz wird von der Bundesregierung[92] und von Teilen des Schrifttums[93] insbesondere unter Rückgriff auf die Rechtsprechung des EuGH in Sachen *PreussenElektra* bestritten. Dabei wird verkannt, dass die Unionsgerichte seither einige gewichtige Klarstellungen und Präzisierungen des Staatlichkeitsmerkmals herausgearbeitet haben, an denen sich die BAR des EEG 2012 zu messen hat.[94]

Von größter Bedeutung sind dabei die soeben skizzierten Entscheidungen *Essent* und *Vent de Colère*, in denen der Gerichtshof klar herausgestellt hat, dass grundsätzlich weder das Fehlen einer Belastung des Staatshaushalts oder einer tatsächlichen Übertragung staatlicher Mittel noch der privatrechtliche Charakter einer mittelerhebenden und -verwaltenden Stelle und der Rechtsbeziehungen der Akteure untereinander im Sinne einer *conditio sine qua non* die Staatlichkeit von Mitteln ausschließen können.[95] Obgleich sich also die Rechtsprechung des EuGH zum Staatlichkeitsmerkmal aufgrund der (z.T. nur minimal) andersartigen Ausgestaltung der Umlagesysteme in *Essent* und *Vent de Colère* nicht direkt auf das EEG 2012 und die BAR übertragen lässt, sind der Rechtsprechung des EuGH eindeutige Vorgaben zu entnehmen, bei deren Erfüllung die Staatlichkeit nicht ausgeschlossen werden kann.

Quintessenz der skizzierten Rechtsprechung ist, dass bei derartigen Umlagesystemen letztlich der Grad der staatlichen Kontrolle und Einflussnahme auf den Mittelfluss ausschlaggebendes Kriterium ist; je höher der Grad staatlicher Einflussnahme und Kontrolle und je geringer der Grad marktwirtschaftlich orientierter und autonomer Entscheidungsmöglichkeiten der Akteure ist, desto eher sind – den Staatshaushalt formal betrachtet nicht belastende – Förder- und Umlagemechanismen als staatlich einzuordnen.[96] Stößt der Staat den Mittelfluss nicht mehr nur an, sondern beherrscht

---

92 Wiedergegeben in KOM, Eröffnungsbeschluss, Rn 113 ff.
93 U.a. *Schlacke/Kröger*, NVwZ 2013, 313 (317); *Gent/Hädrich/Herbort*, S. 88 ff.; *Greinacher*, ER 2013, 97 (99 ff.); *Burgi/Wolff*, EuZW 2014, 647 (651 f.); *Bickenbach*, DÖV 2014, 953 (957 ff.).
94 Ebenso *Böhme/Schellberg*, EnWZ 2014, 147 (149); *Ludwigs*, REE 2014, 65 (70).
95 *Ludwigs*, REE 2014, 65 (72).
96 So zutreffend *Ludwigs*, REE 2014, 65 (72); *Bloch*, RdE 2014, 14 (17).

er ihn auch, ist die Staatlichkeit gegeben.[97] Eine solche staatliche Kontrolle wurde in der Rechtsprechung des EuGH bisher immer aufgrund einer ausführlichen Prüfung zahlreicher Einzelkriterien angenommen.[98] Nach alledem bleibt zu untersuchen und nachzuweisen, wie hoch der Grad staatlicher Kontrolle auf den Mittelfluss im EEG 2012 letztendlich ist – im Sinne eines „gleitenden Ansatzes"[99] wird man ab einer bestimmten Schwelle die Staatlichkeit nicht mehr von der Hand weisen können. Zwar lassen sich auch Gegenargumente aufführen, die wohl deutlich überwiegende Anzahl an Argumenten spricht vorliegend aber eher für eine staatliche Kontrolle über den Mittelfluss im EEG 2012.[100]

Dass eine staatliche Kontrolle über den Mittelfluss vorliegt, wird mit unterschiedlichen Argumenten in Abrede zu stellen versucht. Dass zunächst der vielfach teils vorbehaltlose vorgenommene Rückgriff auf die *PreussenElektra*-Rechtsprechung insofern unzulässig ist, als sich der Ausgleichsmechanismus und die Befreiungsmöglichkeiten des EEG 2012 nicht nur administrativ, sondern auch organisatorisch und institutionell in ganz erheblicher Weise vom einfach gestrickten StromEinspG unterscheidet und verdichtet hat, wurde bereits angedeutet.[101]

Wie ebenfalls bereits dargestellt, steht auch insbesondere die jüngere Rechtsprechung des EuGH[102] der Auffassung der Bundesregierung[103] entgegen, eine Staatlichkeit der eingesetzten Mittel (Begrenzung der Umlage) sei bereits deswegen auszuschließen, weil sämtliche Rechtsbeziehungen im Rahmen der BAR zwischen den Beteiligten privatrechtlicher Natur seien und ebenso die Finanzierung aus rein privaten Mitteln entstamme, so dass letztlich auch keine Belastung des staatlichen Haushalts gegeben sei. Ein staatlich errichtetes und dirigiertes Abgabenverwaltungssystem kann die

---

97 *Graf v. Kielmansegg,* WiVerw 2014, 103 (107).
98 *Burgi/Wolff,* EuZW 2014, 647 (651).
99 *Ludwigs,* REE 2014, 65 (72).
100 Nachfolgend z.T. angelehnt an die Darstellung bei *Ludwigs,* REE 2014, 65 (72 ff.).
101 A.A. z.B. *Reuter,* RdE 2014, 160 (166 f.); *Ortlieb,* in: Gabler/Metzenthin, EEG, Vor EEG §§ 40 bis 44 Rn 62.
102 EuG 27.12.2012 – T-139/09 (Frankreich/Kommission), noch nicht in amtl. Slg erschienen, Rn 61; EuGH 19.12.2013 – C-262/12 (Vent de Colère), noch nicht in amtl. Slg erschienen, Rn 19 f. m.w.N.
103 Wiedergegeben in KOM, Eröffnungsbeschluss, Rn 113.

Voraussetzung der Staatlichkeit erfüllen, selbst wenn es privatrechtlich ausgestaltet ist.[104] Insofern kann sich ein Mitgliedstaat nicht juristischer Personen des Privatrechts gleichsam als Werkzeug bedienen und sich durch „Flucht ins Privatrecht" dem Beihilfenregime entziehen.[105]

Die Bundesregierung betont des Weiteren, die Rechtssache *Essent* unterscheide sich dergestalt vom deutschen Umlagesystem, dass sie letztlich nicht übertragbar sei.[106] Das EEG 2012 erlege nämlich unterschiedlichen Akteuren verschiedene Pflichten auf, bestimme aber kein einzelnes Unternehmen mit der Zentralisierung der Finanzflüsse wie in *Essent*. Dem ist zu entgegnen, dass die rein formale Aufteilung der Pflichten auf mehrere Verantwortliche statt einen (in Deutschland vor allem die vier ÜNB Tennet TSO, 50Hertz Transmission, Amprion und TransnetBW) nicht entscheidend sein kann. Vielmehr ist im Sinne einer effektiven Beihilfenkontrolle ausschließlich in materieller Hinsicht ausschlaggebend, ob ein staatlich initiiertes und kontrolliertes Fördersystem vorliegt.[107] Die ÜNB werden mittels des EEG 2012 zu einer funktionalen Einheit verknüpft.[108]

Auch der Verweis der Bundesregierung darauf, die ÜNB bestimmten die Höhe der EEG-Umlage selbst und der Staat sei an der Festlegung der Umlage nicht beteiligt, ist zwar formal betrachtet zutreffend. Er vermag aber insofern nicht zu tragen, als die Berechnungsmethoden durch die Bestimmungen der AusglMechV detailliert vorgegeben werden und insoweit keinerlei Ermessen bei der Berechnung und damit der Bestimmung der EEG-Umlage besteht; vielmehr werden die ÜNB hierbei engmaschig durch die Bundesnetzagentur überwacht (§§ 51, 61 EEG 2012).[109] Auch steht es den ÜNB nicht frei, die Erlöse aus der EEG-Umlage nach eigenem Ermessen zu verwenden; Erlöse dürfen nur für die im Gesetz vorhergesehen Zwecke verwendet werden. Damit trägt auch der Einwand nicht, dass die Bundesnetzagentur die Höhe der Abgabe nicht bestimme.[110]

Das Argument, die ÜNB seien lediglich dazu eingeschaltet, um dafür zu sorgen, dass die festgesetzten Preise geografisch durchgesetzt werden, greift vor diesem Hintergrund ebenfalls zu kurz, zumal es sich darauf stützt,

---

104 So auch *Ludwigs,* EuZW 2014, 201 (201).
105 *Böhme/Schellberg,* EnWZ 2014, 147 (149).
106 KOM, Eröffnungsbeschluss, Rn 114.
107 *Ludwigs,* REE 2014, 65 (73).
108 *Graf v. Kielmansegg,* WiVerw 2014, 103 (108).
109 KOM, Eröffnungsbeschluss, Rn 118 ff; *Ludwigs,* REE 2014, 65 (73).
110 So aber *Macht/Nebel,* NVwZ 2014, 765 (766).

dass die Regelzonen nicht (vollständig) mit staatsorganisatorischen Gebietszuschnitten übereinstimmen.[111]

Auch der Umstand, dass die Erlöse aus der EEG-Umlage nicht an den Staat abgeführt werden, sondern der Verringerung der EEG-Umlage des Folgejahrs dienen, vermag innerhalb dieser Diskussion nicht als durchschlagendes Argument zu überzeugen, zumal auch diese Entscheidung staatlicherseits getroffen wurde und – schon aus Gründen der Vorbeugung von Missbrauch des Aufkommens aus der Umlage – eine strikte staatliche Kontrolle über den Mittelfluss stattfindet.[112] Ebenso ändert auch der Hinweis der Bundesregierung, die Überwachungsmaßnahmen stellten reine Verbraucherschutzmechanismen dar, nichts daran, dass die mit der EEG-Umlage verbundenen Finanzflüsse eng überwacht und kontrolliert werden.[113]

Zwar stehen die aus der EEG-Umlage aufkommenden Mittel tatsächlich nicht zur direkten Verfügung der überwachenden Behörden; allerdings genügt, wie erläutert, bereits, wenn staatliche Stellen Kontrolle über den Mittelfluss ausüben – maßgeblich ist nur der Grad staatlicher Kontrolle. Vereinzelt wird vorgetragen, dass gerade die Ausübung von staatlicher Kontrolle gegen die Staatlichkeit spreche; handele es sich nämlich um staatliche Mittel, so müsse der Staat sie nicht gesondert überwachen, im Umkehrschluss handele es sich folglich um nichtstaatliche Mittel.[114] Diese Auffassung verkennt jedoch, dass für die Erfüllung des Staatlichkeitsmerkmals auch eine nichtstaatliche Stelle beauftragt werden kann. Zudem reicht für die Bejahung der Staatlichkeit schon die Kontrolle des Staates über die Mittel aus.

Zuletzt vermag auch das Argument, dass die EVU rechtlich nicht gezwungen seien, die Belastung durch die EEG-Umlage an die Letztverbraucher weiterzureichen, nicht zu überzeugen.[115] Ein wirtschaftlich agierendes Unternehmen wird stets jede rechtlich zulässige Möglichkeit ausschöpfen, um eigene Kosten zu reduzieren, so dass im Endeffekt schon ökonomischer Zwang zur Weiterleitung besteht. Auch ist zu berücksichtigen, dass sich Geschäftsführer entsprechender GmbH bzw. Vorstände von Aktiengesellschaften in den Bereich der Haftung begeben dürften, wenn sie nicht die

---

111 So *Reuter,* RdE 2014, 160 (165).
112 KOM, Eröffnungsbeschluss, Rn 123.
113 KOM, Eröffnungsbeschluss, Rn 131 f.
114 *Reuter,* RdE 2014, 160 (168).
115 KOM, Eröffnungsbeschluss, Rn 125.

Sorgfalt eines ordentlichen und gewissenhaften Geschäftsmannes bzw. Geschäftsleiters an den Tag legen und eine unternehmerische Entscheidung zum Wohle der Gesellschaft vornehmen, die grds. nur in einer Weitergabe der Belastung bestehen kann. Zudem ist der ganze Ausgleichsmechanismus auch darauf angelegt, dass Letztverbraucher die Kosten der EEG-Umlage tragen.[116] Das ganze System der BAR basiert letztlich auf der Annahme, dass EVU die Kosten aus der EEG-Umlage weiterreichen – ansonsten würde sie keinen Sinne mehr ergeben.[117]

Wie aus dem Vorherigen bereits deutlich wird, erweisen sich die wesentlichen Argumente, die gegen die Staatlichkeit der Mittel sprechen sollen, als letztlich nicht durchgreifend. Im Gegenteil spricht für eine staatliche Kontrolle über den Mittelfluss und damit auch die Staatlichkeit der in Rede stehenden Mittel eine Reihe von Gründen. Zunächst ist mit dem Bundesamt für Wirtschaft und Ausfuhrkontrolle (BAFA) eine Bundesoberbehörde diejenige Stelle, die nach § 40 S. 1 EEG 2012 über die Vergabe von Umlagebegrenzungen entscheidet. Zwar steht ihr nach der Norm keinerlei Entschließungs- oder Auswahlermessen zu, d.h. bei Vorliegen der Antragsvoraussetzungen ist der jeweilige Begrenzungsbescheid im Sinne einer gebundenen Entscheidung zu erteilen. Auch wenn das BAFA auf die zugrunde liegenden Finanzströme nicht zugreifen kann, es im Endeffekt nur ausführendes Organ ist und so keine unmittelbare staatliche Kontrolle vorliegt, ist mit dem BAFA dennoch immerhin ein hoheitliches Organ in den Umlagemechanismus installiert, dem das verwaltungsverfahrensrechtliche Instrumentarium zur Verfügung steht.

Hinzu kommt, dass die Involvierung der ÜNB in den Ausgleichsmechanismus nicht etwa auf deren eigene Initiative zurückgeht, sondern vielmehr einzig dem Staat zuzurechnen ist.[118] Die ÜNB werden qua Gesetz und ohne eigenen Entschluss zum Dreh- und Angelpunkt des Umlagesystems bestimmt. Die ÜNB müssen etwa die aus der Umlage aufkommenden Gelder auf separaten EEG-Konten verbuchen, wofür nach § 5 Abs. 2 S. 2 AusglMechAV separate Buchführung und Rechnungslegung zu betreiben ist. Die aus der Umlage aufkommenden Mittel stehen auch zu keinem Zeitpunkt zur wirtschaftlichen Disposition der ÜNB. Ihnen werden lediglich die entstehenden Verwaltungskosten erstattet; etwaige Zinserträge aus dem Aufkommen der EEG-Umlage sind in die Umlageberechnung für das

---

116 KOM, Eröffnungsbeschluss, Rn 130.
117 *Ludwigs*, REE 2014, 65 (73).
118 KOM, Eröffnungsbeschluss, Rn 124.

Folgejahr einzubeziehen. Bei ihren gesetzlich zugewiesenen Tätigkeiten werden die ÜNB darüber hinaus auf Grundlage der §§ 61 Abs. 1 Nr. 2, Abs. 2 EEG 2012 i.V.m. §§ 65, 69 EnWG durch die Bundesnetzagentur – teilweise mit Bußgeldbewehrung – staatlich überwacht.[119] Des Weiteren enthalten §§ 48 ff. EEG 2012, § 7 AusglMechV sowie §§ 4, 5 Abs. 3 AusglMechAV umfangreiche Informationspflichten.[120] Insofern ist eine bemerkenswerte Einschränkung der Privatautonomie der ÜNB zu konstatieren.

Das bedeutendste Argument dürfte jedoch in der komplizierten Ausgestaltung des EEG-Ausgleichsmechanismus liegen, denn das Umlagesystem ist deutlich diffiziler ausgestaltet als dasjenige zum damaligen StromEinspG. Das Ausmaß staatlicher Einflussnahme beschränkt sich nicht mehr – wie zu Zeiten des StromEinspG – lediglich auf die Einrichtung und Anschubförderung eines einfachen Ausgleichsmechanismus, sondern stellt ein normatives Monstrum dar: Gegenüber den damaligen sechs Paragraphen enthält das EEG 2012 nunmehr 66 teils äußerst komplex gefasste und mitunter unübersichtlich lange Paragraphen, die ergänzt werden durch fünf umfangreiche Anlagen zum Gesetz, die Ausgleichsmechanismusverordnung[121] mit 13 Paragraphen sowie die Ausgleichsmechanismus-Ausführungsverordnung[122] mit noch einmal neun Paragraphen.[123] Die in den gesetzlichen Vorgaben kleinteilig ausgearbeiteten und sich über die gesamte Umlagekette von der Berechnung über die Erhebung und Verwaltung bis zur Verwendung der EEG-Umlage erstreckenden Vorgaben belassen den Beteiligten und insbesondere den ÜNB keinen nennenswerten Spielraum bei der Umsetzung.[124] Vielmehr beschränkt sich ihre Rolle im Wesentlichen nur noch auf die Durchführung der gesetzlichen Vorgaben.[125]

---

119 *Böhme/Schellberg*, EnWZ 2014, 147 (149); *Graf v. Kielmansegg*, WiVerw 2014, 103 (109 f.); *Ludwigs*, REE 2014, 65 (74).
120 *Ismer/Karch*, ZUR 2013, 526 (529).
121 Verordnung zur Weiterentwicklung des bundesweiten Ausgleichsmechanismus (Ausgleichsmechanismusverordnung - AusglMechV) v. 17.7.2009 (BGBl. I S. 2101), zuletzt geändert am 21.7.2014 (BGBl. I S. 1066).
122 Verordnung zur Ausführung der Verordnung zur Weiterentwicklung des bundesweiten Ausgleichsmechanismus (Ausgleichsmechanismus-Ausführungsverordnung - AusglMechAV) vom 22. 2.2010 (BGBl. I S. 134), zuletzt geändert am 21.7.2014 (BGBl. I S. 1066).
123 *Graf v. Kielmansegg*, WiVerw 2014, 103 (109).
124 So auch *Ludwigs*, REE 2014, 65 (73 f.); KOM, Eröffnungsbeschluss, Rn 103 ff.
125 *Graf v. Kielmansegg*, WiVerw 2014, 103 (107, 109 ff.).

gg. Zwischenergebnis

Wie gezeigt werden alle wesentlichen Aufgaben im Rahmen des durch die gesetzlichen Vorgaben installierten und rechtlich wie organisatorisch hochverdichteten Ausgleichsmechanismus den ÜNB staatlicherseits gleichsam aufoktroyiert und unter hoheitliche Kontrolle gestellt. Wenngleich sämtliche Rechtsbeziehungen der am Ausgleichsmechanismus Beteiligten privatrechtlicher Natur sind und auch nur Mittel Privater zwischen diesen ausgetauscht werden, ist der staatliche Einfluss und Zugriff auf den Mechanismus und die die Mittel zwangsweise erhebenden und umlegenden Stellen nicht von der Hand zu weisen. Es werden nicht lediglich private Mittelflüsse vom Staat angestoßen, wie noch zu Zeiten von *PreussenElektra*. Es mangelt an einer marktwirtschaftlichen Autonomie und Unabhängigkeit der privaten Beteiligten. Der Staat hat durch seine Kontrolle über die Mittelflüsse somit ausreichenden Einfluss, um eine staatliche Verfügungsbefugnis zu begründen.[126] Eine mögliche Begrenzung der EEG-Umlage für stromintensive Unternehmen, wie sie die BAR der §§ 40 ff. EEG 2012 vorsieht, stellt zwangsläufig einen Verzicht auf staatliche Mittel dar.[127] Die Begünstigung entstammt somit staatlichen Mitteln, die Voraussetzungen für das Vorliegen einer Beihilfe i.S.v. Art. 107 Abs. 1 AEUV sind folglich erfüllt.

d. Ausnahmen und Rechtfertigungsgründe

Das Vorliegen aller Tatbestandsvoraussetzungen aus Art. 107 Abs. 1 AEUV bedeutet jedoch nicht zwangsläufig, dass eine Beihilfe auch (materiell) rechtswidrig ist. Vielmehr sehen die Absätze 2 und 3 Ausnahmemöglichkeiten vor, die jeweils im weiten Ermessen der Kommission stehen.[128] Während Ausnahmemöglichkeiten des zweiten Absatzes vorliegend nicht in Betracht kommen, ergeben sich mögliche Ausnahmen aber aus dem dritten Absatz.

Nach Art. 107 Abs. 3 lit. b AEUV können Beihilfen zur Förderung wichtiger Vorhaben von gemeinsamem europäischem Interesse als mit dem Bin-

---

126 *Ismer/Karch,* ZUR 2013, 526 (529 f., 533 ff.).
127 So auch *Graf v. Kielmansegg,* WiVerw 2014, 103 (110); *Ludwigs,* REE 2014, 65 (74); a.A. *Große/Kachel,* in: Altrock/Oschmann/Theobald, EEG, § 40 EEG Rn 32; *Posser/Altenschmidt,* in: Frenz/Müggenborg, EEG, Einführung §§ 40 - 44 EEG Rn 26.
128 EuGH, 5.10.2000 – C-288/96 (Jadekost), Rn 27.

nenmarkt vereinbar angesehen werden. Hier könnte die Förderung Erneuerbarer Energien und der damit verfolgte Klimaschutzziele angeführt werden; diese Ziele sind für sich genommen unbestritten von wichtigem europäischem Interesse. Grundsätzlich ist zwar anzuerkennen, dass auch eine reduzierte EEG-Umlage, da sie auf den Bezugspreis aufgeschlagen wird, noch Anreize zu Stromeinsparungen in der stromintensiven Industrie fördert. Freilich wären diese Anreize aber deutlich höher, wenn die EEG-Umlage ohne eine bestimmte Begrenzung voll aufgeschlagen würde. Die BAR hat expressis verbis außerdem die Stärkung der Wettbewerbsfähigkeit der stromintensiven Unternehmen und nicht Umwelt- und Klimaschutz zum Ziel. Letzteres wird durch eine massive Entlastung ausgerechnet der stromintensiven Industrie eher konterkariert als gefördert. Das ändert sich auch nicht dadurch, dass die BAR Bestandteil des EEG ist, welches an sich ohne Frage dem Klimaschutz und dem Ausbau Erneuerbarer Energien dient.[129] Eine dem Klimaschutz nicht zuträgliche und darüber hinaus den Wettbewerb verfälschende Förderung von stromintensiven Unternehmen stellt kein wichtiges Vorhaben von gemeinsamen europäischen Interesse dar.[130]

Darüber hinaus denkbar ist auch eine Ausnahme nach Art. 107 Abs. 3 lit. c AEUV für Beihilfen zur Förderung der Entwicklung gewisser Wirtschaftszweige oder Wirtschaftsgebiete.[131] Fraglich erscheint hier aber schon, ob die stromintensive Industrie als „Wirtschaftszweig" anzusehen ist. Allenfalls ließe sich das produzierende Gewerbe in diesem Sinne als Wirtschaftszweig ausmachen. Zweifelhaft erscheint es dann aber, ob es im Wortsinne des lit. c bei der BAR um die „Förderung der Entwicklung" dieses Zweigs geht. Offenkundig dienen die Umlagebegrenzungen nicht der Anschubfinanzierung oder Etablierung eines Wirtschaftssektors, sondern es sollen vor allem marktimmanente Belastungen verringert und bestehende Marktanteile gesichert werden. Es entstehen Wettbewerbsverzerrungen, indem Allokationskräfte des Binnenmarkts – durch einseitige Entlastung und Ausgleich der Kostendifferenzen zwischen Mitgliedstaaten – behindert werden.[132]

Beiden angeführten Ausnahmemöglichkeiten widersprechen insbesondere auch noch Aspekte der Verhältnismäßigkeit. Es ist zwar grundsätzlich anzuerkennen, dass eine partielle Begrenzung der nur im Inland geltenden

---

129 So aber *Gent/Hädrich/Herbort*, S. 102 f.
130 So auch KOM, Eröffnungsbeschluss, Rn 205-212.
131 *Jennrich*, in: Reshöft/Schäfermeier, vor §§ 44 ff. Rn 21.
132 So auch KOM, Eröffnungsbeschluss, Rn 230.

Das EEG-2012-Modell und die Privilegierung stromintensiver Unternehmen

EEG-Umlage für inländische stromintensive Unternehmen auch dazu dient, dass diese Unternehmen im Vergleich zu ausländischen Unternehmen, die eine vergleichbare Umlagebelastung nicht trifft, wettbewerbsfähig bleiben. Es bestehen aber erhebliche Zweifel an der Verhältnismäßigkeit der BAR, da nicht nachgewiesen ist, dass auch geringere Umlagebefreiungen dieses Ziel zu erreichen vermögen.[133]

Da die – das Ermessen der Kommission insoweit ausführenden und konkretisierenden sowie eine Selbstbindung auslösenden – Umweltschutzleitlinien 2008[134] mangels einer entsprechenden Regelung auf die BAR nicht anwendbar sind,[135] kommen Ausnahmemöglichkeiten vom Beihilfenverbot nach hiesigem Standpunkt nicht in Betracht. Die Kommission deutet aber bereits im Eröffnungsbeschluss darauf hin, dass die – zu diesem Zeitpunkt noch in der Konsultationsphase befindlichen – neuen Umweltschutz- und Energiebeihilfenleitlinien 2014-2020[136] Regelungen zu Ermäßigungen von Umlagesystemen wie im EEG enthalten werden (dazu unten 5. a.).[137]

e. Ergebnis und Konsequenzen

Vor dem dargestellten Hintergrund und der Entscheidungspraxis der Kommission in ähnlich gelagerten Fällen (etwa zum Österreichischen Ökostromgesetz,[138] s. oben 3. c. ee.) wäre eine Einordnung der BAR des EEG 2012 als nicht mit dem Binnenmarkt zu vereinbarende Beihilfe und damit ein entsprechender „Negativbeschluss" der Kommission i.S.v. Art. 7 Abs. 5 i.V.m. Art. 13 Abs. 1 VVO mit entsprechenden Aussetzungs- und Rückforderungskonsequenzen nur folgerichtig. Selbiges dürfte im Übrigen dann auch für die ebenfalls noch in der förmlichen Prüfung[139] befindliche vollständige Befreiung der stromintensiven Industrie von Netzentgelten

---

133 KOM, Eröffnungsbeschluss, Rn 238 ff.
134 Leitlinien der Gemeinschaft für staatliche Umweltschutzbeihilfen, ABl. 2008 C 82/1.
135 KOM, Eröffnungsbeschluss, Rn 220.
136 Leitlinien für staatliche Umweltschutz- und Energiebeihilfen 2014-2020, ABl 2014 C 200/1.
137 KOM, Eröffnungsbeschluss, Rn 221 ff.
138 KOM, 8.3.2011 – K (2011) 1363 endg. (ex N 446/08) – Ökostromgesetz Österreich.
139 KOM, 6.3.2013 – C(2012) 8765 endg. – Netzentgeltbefreiung für stromintensive Unternehmen (§ 19 StromNEV).

nach § 19 Abs. 2 S. 2 StromNEV[140] gelten.[141] Erginge ein entsprechender Beschluss, wären die Folgen für die deutsche stromintensive Industrie verheerend (dazu sogleich 4.). Ähnlich wie im Falle der Befreiung von Netzentgelten nach der StromNEV ist der deutsche Gesetzgeber jedoch auch bei der BAR nach EEG bemüht gewesen, im Wege einer Neufassung der betreffenden Regelung den Vorgaben der Europäischen Kommission *ex nunc* zu entsprechen (dazu im Einzelnen Abschnitt 5.). Wohl aufgrund des intensiven Dialogs der Bundesregierung mit der Kommission ist selbst eine Lösung *ex tunc* jenseits von Rückforderungen nicht ausgeschlossen (dazu unten 4. c.)

4. Problematik der möglichen Rückforderung von Beihilfen

Hatte die Kommission im Jahre 2002 gegen das damalige EEG 2000[142] seinerzeit noch keine beihilfenrechtlichen Bedenken,[143] stellt sie nunmehr fest, dass sich das EEG in der Fassung vom 1.1.2012 um eine „große Anzahl von Merkmalen" geändert hat, die im alten EEG noch nicht enthalten waren.[144] Da die Bundesrepublik Deutschland das EEG 2012, darunter auch die BAR, nicht erneut bei der Kommission angemeldet und ohne Zustimmung der Kommission eingeführt hatte, hat die Kommission diese nunmehr als seit dem 1.1.2012 bestehende rechtswidrige neue Beihilfe eingestuft.[145] Mit der von ihr vorläufig festgestellten Unionsrechtswidrigkeit der BAR nach §§ 40 ff. EEG 2012 steht unweigerlich auch die Frage ihrer Aussetzung sowie der (einstweiligen) Rückforderung von durch sie gewährten Beihilfenbeträgen im Raum.

---

140 Verordnung über die Entgelte für den Zugang zu Elektrizitätsversorgungsnetzen (Stromnetzentgeltverordnung - StromNEV) v. 25.7.2005 (BGBl. I 2225), zuletzt geändert am 21.7.2014 (BGBl. I 1066).
141 So auch *Ismer/Karch*, ZUR 2013, 526 (535); vgl. im Einzelnen dazu auch *Bloch*, RdE 2012, 241 (241 ff.); *Ernst/Koenig*, EnZW 2012, 51 (51 ff.).
142 Gesetz für den Vorrang Erneuerbarer Energien (Erneuerbare-Energien-Gesetz – EEG) v. 29.3.2000, BGBl I 2000, 305.
143 Staatliche Beihilfe NN 27/2000, ABl. C 164 / 5 v. 10.7.2002.
144 KOM, Eröffnungsbeschluss, Rn 149.
145 KOM, Eröffnungsbeschluss, Rn 150.

a. Wirkung des Eröffnungsbeschlusses der Kommission

Nach Abschluss einer vorläufigen Prüfung hat die Kommission am 18.12.2013 das förmliches Prüfverfahren gem. Art. 108 Abs. 2 AEUV, Art. 4 Abs. 4, Art. 6 ff. VVO[146] zur Prüfung insbesondere auch der BAR des EEG 2012 eingeleitet.[147] Von der sich so eröffnenden und in Art. 11 Abs. 1 und 2 VVO enthaltenen Möglichkeit einer einstweiligen Aussetzung der Maßnahme und einstweiligen Rückforderung der mit der Beihilfenmaßnahme verbundenen Vergünstigungen noch im Laufe dieses Verfahrens hat die Kommission keinen Gebrauch gemacht. Dazu mangelt es an der Zweifelsfreiheit der Beihilfe.[148] Wäre dem anders, wäre der Eröffnungsbeschluss in seiner Begründung wohl auch deutlich kürzer ausgefallen. Eine (endgültige) Rückforderung ist grundsätzlich erst mit einem abschließenden Beschluss über das förmliche Verfahren möglich („Negativentscheidung" nach Art. 14 Abs. 1 VVO).

Zu beachten ist in dieser Konstellation die jüngere Rechtsprechung des Gerichtshofs zur Bindungswirkung von Eröffnungsbeschlüssen der Kommission nach Art. 4 VVO für nationale Gerichte.[149] Die Unionsrichter haben in einer nicht unumstrittenen[150] Entscheidung festgehalten, dass, „wenn die Kommission in Anwendung von Art. 108 Abs. 3 AEUV das in Abs. 2 dieses Artikels vorgesehene förmliche Prüfverfahren hinsichtlich einer in der Durchführung begriffenen nicht angemeldeten Maßnahme eröffnet hat, [...] ein mit einem Antrag auf Unterlassung der Durchführung dieser Maßnahme und auf Rückforderung bereits geleisteter Zahlungen befasstes nationales Gericht verpflichtet [ist], alle erforderlichen Maßnahmen zu treffen, um die Konsequenzen aus einem eventuellen Verstoß gegen die Pflicht zur

---

146 „Beihilfenverfahrensverordnung", Verordnung (EG) Nr. 659/1999 des Rates v. 22.3.1999 über besondere Vorschriften für die Anwendung von Artikel 108 des Vertrags über die Arbeitsweise der Europäischen Union, ABl. L 83/1 v. 27.3.1999, zuletzt geändert durch Verordnung (EU) Nr. 734/2013 des Rates vom 22.7. 2013, ABl. L 204/15 v. 31.7.2013.
147 Staatliche Beihilfe SA.33995 (2013/C) (ex 2013/NN) – Förderung der Stromerzeugung aus Erneuerbaren Energien und Begrenzung der EEG-Umlage für energieintensive Unternehmen; Aufforderung zur Stellungnahme nach Artikel 108 Absatz 2 des Vertrags über die Arbeitsweise der Europäischen Union, ABl. EU 2014 C 37/73.
148 *Ludwigs,* REE 2014, 65 (68).
149 EuGH 21.11.2013 – C-284/12 (Lufthansa/Flughafen Frankfurt Hahn), noch nicht in amtl. Slg erschienen.
150 Krit. u.a. *Soltész,* NJW 2013, 3771 (3774); *Berrisch,* EuZW 2014, 253.

Aussetzung der Durchführung dieser Maßnahme zu ziehen."[151] Übertragen auf die Problematik der BAR würde das bedeuten, dass nationale mit der Sache befasste Gerichte – z. B. auf Betreiben von klagenden Konkurrenten – verpflichtet wären oder jedenfalls die Möglichkeit hätten, die BAR seit dem 18.12.2013 zum einen auszusetzen, d.h. den Erlass von Begrenzungsbescheiden zu stoppen bzw. das BAFA dazu zu verpflichten, nach § 43 EEG 2012 bereits erlassene Begrenzungsbescheide aufzuheben.[152] Zum anderen besteht damit aber auch die Möglichkeit für nationale Gerichte, die Rückzahlung bereits geflossener Beträge anzuordnen.[153] Bemerkenswert ist in diesem Zusammenhang jedoch einerseits, dass schon die Kommission die angeführte Entscheidung mit keinem Wort aufgreift, obwohl diese bereits etwa drei Wochen vor Ergehen des Eröffnungsbeschlusses des Beihilfeverfahrens vorlag. Darüber hinaus hat dem Vernehmen nach auch das Bundesministerium für Wirtschaft und Energie das BAFA angewiesen, die Begrenzungsbescheide bereits in der ersten Dezemberwoche (und damit vor dem Eröffnungsbeschluss der Kommission vom 18.12.2013) und nicht, wie sonst üblich, nach Weihnachten zu versenden.[154] Offenbar war schon bekannt, dass und wann ein Eröffnungsbeschluss der Kommission ergehen würde, so dass durch zeitliche Vorwegnahme eine Bindungswirkung an den Eröffnungsbeschluss zu umgehen versucht wurde. Diesem Versuch steht aber der Umstand im Wege, dass der durch das BAFA erlassene Begrenzungsbescheid lediglich die Rechtsgrundlage für die Beihilfe darstellt; die eigentliche Gewährung der Beihilfe erfolgt dadurch, dass EVU den privilegierten Stromverbrauchern die EEG-Umlage nur begrenzt in Rechnung stellen dürfen – dies gilt jeweils für das dem Antragsjahr folgende Kalenderjahr (vgl. § 43 Abs. 1 S. 3 EEG 2012), d.h. ab dem 1.1.2014. Eine etwaige Bindungswirkung des Eröffnungsbeschlusses umfasst damit die BAR nach dem EEG 2012 in vollem zeitlichen Umfang.[155] Dass ein deutsches Gericht die Aussetzung der BAR oder gar die

---

151 EuGH 21.11.2013 – C-284/12 (Lufthansa/Flughafen Frankfurt Hahn), noch nicht in amtl. Slg erschienen, Rn 45
152 *Palme*, NVwZ 2014, 559 (561).
153 EuGH 21.11.2013 – C-284/12 (Lufthansa/Flughafen Frankfurt Hahn), noch nicht in amtl. Slg erschienen, Rn 45; *Ludwigs*, REE 2014, 65 (68); *Burgi/Wolff*, EuZW 2014, 647 (647).
154 Mit diesem Hinweis *Böhme/Schellberg*, EnWZ 2014, 147 (148); *Frenz/Wimmers*, WiVerw 2014, 30 (45).
155 *Palme*, NVwZ 2014, 559 (561).

Rückforderung von im Rahmen der EEG-Umlage gewährten Beträgen angeordnet hätte, ist, soweit ersichtlich, bislang aber nicht geschehen.

Zwar haben sowohl die Bundesregierung[156] als auch einige deutsche Unternehmen der Stahl- und Schmiedeindustrie beim EuG Nichtigkeitsklage gegen den Eröffnungsbeschluss eingereicht. Sieben der neun klagenden Unternehmen haben zudem einstweiligen Rechtsschutz gegen das Durchführungsverbot beantragt. Nachdem in diesen Verfahren am 16.4.2014 das Durchführungsverbot bis zur endgültigen Entscheidung im Eilverfahren tatsächlich kurzzeitig ausgesetzt wurde, wurde der Antrag auf einstweiligen Rechtsschutz am 10.6. 2014 vom Präsidenten des EuG aber jeweils abgelehnt.[157] Auch die Erfolgsaussichten der Nichtigkeitsklagen gegen den Eröffnungsbeschluss sind als gering einzustufen, da dem Beschluss vorliegend jedenfalls kein offenkundiger Beurteilungsfehler der Kommission zugrunde liegt; auf solche Fehler sind die Unionsrichter in der Überprüfung bisher nur vorläufig durch die Kommission entschiedener Fragestellungen aber begrenzt, um eine Vermischung zwischen Verwaltungs- und Gerichtsverfahren und der Kompetenzen von Kommission und Unionsgerichten zu vermeiden.[158]

b. Wirkung eines möglichen Rückforderungsbeschlusses

Die Rückforderung von seitens der Kommission als mit dem Binnenmarkt unvereinbar angesehenen Beihilfen und die Abschöpfung von erlangten Vorteilen beim Beihilfenempfänger dienen nach der Rechtsprechung des EuGH der Wiederherstellung der früheren Lage, insbesondere der Beseitigung von Wettbewerbsverzerrungen und der Wiederherstellung unverfälschten Wettbewerbs.[159] Die Beihilfenrückforderung erfolgt durch den

---

156 EuG, T-134/14 v. 28.2.2014, ABl EU 2014 C 142/40, anhängig.
157 EuG, T-172/14 R, T-173/14 R, T-174/14 R, T-176/14 R, T-178/14 R, T-179/14 R, T-183/14 R.
158 Grundlegend EuGH, 11.11.1981 – Rs 60/81 (IBM/Kommission), Slg. 1981, 2639, Rn 20; EuG, 23.10.2002 – verb Rs T-346/99, T-347/99, T-348/99 (Territorio Histórico de Álava), Slg. 2002, II-4259, Rn 44; *Ludwigs,* REE 2014, 65 (69).
159 EuGH 17.6.1999 – C-75/97 (Belgien/Kommission), Slg 1999, I-3671, Rn 64 f; EuGH 4.4.1995 – C-350/93 (Kommission/Italien), Slg 1995, I-699, Rn 21 f; EuGH 7.7.2009 – C-369/07 (Olympic Airways), Slg 2009, I-5703, Rn 120; vgl. außerdem die Bekanntmachung „Rechtswidrige und mit dem Gemeinsamen Markt unvereinbare staatliche Beihilfen: Gewährleistung der Umsetzung von Rückforderungsentscheidungen der Kommission in den Mitgliedstaaten", ABl 2007/C 272/4, Rn 14.

betreffenden Mitgliedstaat nach dessen nationalem Recht.[160] Das nationale Recht muss dabei den Anwendungsvorrang des Unionsrechts[161] beachten (vgl. insoweit auch die Verpflichtung der Mitgliedstaaten aus Art. 4 Abs. 3 UAbs. 2 EUV) und darf nicht diskriminierend wirken oder die Durchsetzbarkeit des Unionsrechts praktisch unmöglich machen.[162] In Ermangelung spezialgesetzlicher Regelungen richtet sich die Rückforderung in Deutschland nach dem Fachrecht, auf dessen Grundlage die Beihilfe ausgegeben wurde.[163]

Für das laufende Beihilfenprüfverfahren zur BAR bedeutet das, dass sich die Bundesrepublik Deutschland im Ergebnis auf die Durchführung eines etwaigen Beschlusses der Kommission zu beschränken hätte.[164] Soweit die Rückforderung angeordnet würde, wäre diese – mangels entsprechender Regelungen im EEG 2012 – nach den Regelungen des VwVfG zu betreiben, da Begrenzungsbescheide Verwaltungsakte i.S.v. § 35 S. 1 VwVfG darstellen.[165] Diese sind zunächst durch einen weiteren Verwaltungsakt (*actus contrarius*) aufzuheben; da es sich bei Begrenzungsbescheiden insoweit um begünstigende – und aufgrund des Verstoßes gegen Notifizierungspflicht und Durchführungsverbot aus Art. 108 Abs. 3 AEUV rechtswidrige – Verwaltungsakte handelt, ist § 48 VwVfG die heranzuziehende Ermächtigungsgrundlage dafür. Dabei gilt aufgrund der skizzierten unionsrechtlichen Vorgaben und des *effet utile* die Maßgabe, dass die von der BAR Begünstigten weder Vertrauensschutz durch bereits erfolgte Disposition, noch die Jahresfrist aus § 48 Abs. 4 S. 1 VwVfG oder sonstige einer Rücknahme im Wege stehende nationale Regelungen einwenden können; das grundsätzlich der Verwaltung eingeräumte Rücknahmeermessen verdichtet sich zu einer gebundenen Entscheidung.[166]

Auch Einreden des Mitgliedstaates, ihm sei die Durchführung der Rückforderungsanordnung der Kommission absolut unmöglich – etwa aufgrund

---

160 Zu Einzelheiten ausf. *Bungenberg/Motzkus,* WiVerw 2013, 73 (104 ff.).
161 Grundlegend dazu EuGH 15.7.1964 – Rs 6/64 (Costa/ENEL), Slg 1964, 1251, S. 1269 ff.
162 EuGH 21.9.1983 – Rs 205/82 (Deutsche Milchkontor), Slg 1983, 2633, Rn 19, 22.
163 *Bungenberg/Motzkus,* WiVerw 2013, 73 (105).
164 EuGH 20.3.1997 – C-24/95 (Alcan), Slg 1997, I-1591, Rn 34.
165 *Salje,* EEG 2012, § 40 Rn 21 ff.; *Posser/Altenschmidt,* in: Frenz/Müggenborg, § 43 EEG Rn 9; *Hendrich/Anshel,* in: Gerstner, Recht der Erneuerbaren Energien, Kap. 6 Rn 146.
166 *Bungenberg/Motzkus,* in: Birnstiel/Bungenberg/Heinrich, Kap. 5 Rn 100 ff.; a.A. *Gent/Hädrich/Herbort,* S. 112 ff.

drohender soziale Verwerfungen,[167] einer großen Anzahl betroffener Unternehmen,[168] administrativer oder technischer, politischer oder praktischer Schwierigkeiten[169] bei der Einziehung, die angesichts der administrativen Möglichkeiten und kapazitären Ausstattung des BAFA und des komplizierten Ausgleichsmechanimus nicht undenkbar sind –, sind nach gefestigter Rechtsprechung der Unionsgerichte regelmäßig unzulässig.[170] Auch wenn eine Rückforderung von gewährten Umlagebefreiungen für einige der betreffenden Unternehmen ggf. existenzbedrohende Liquiditätseinschnitte[171] bedeuten könnte und deswegen zu empfehlen ist, Rückstellungen für ungewisse Verbindlichkeiten[172] nach § 249 Abs. 1 HGB zu bilden, kann auch eine (drohende) Insolvenz des Rückforderungsschuldners regelmäßig keinen hinreichenden Grund für das Absehen von Rückforderungen darstellen.[173]

In einem zweiten Verwaltungsakt erfolgt die eigentliche Rückforderung des gewährten Betrages nebst Zinsen über § 49a VwVfG; auch hier können Entreicherung, Verfristung oder Vertrauensschutz, soweit das Unionsrecht dem entgegensteht, nicht eingewendet werden.[174] Rückforderungsschuldner sind grds. alle faktischen Empfänger einer Beihilfe, d.h. über den formalen Adressatenkreis einer Begünstigung hinaus all diejenigen, die einen tatsächlichen Nutzen in Form wirtschaftlichen Werts aus der Beihilfe gezogen haben. Rückforderungen sind also außer an privilegierte Letztverbraucher ggf. auch an Stellen zu richten, denen zur Vermeidung von Rückforderungen Vermögenswerte übertragen wurden.[175] Gläubiger der Rückforderung ist grds. die vergebende Stelle, d.h. hier zunächst das BAFA (bzw. dessen Rechtsträger), das Begrenzungsbescheide erteilt hat. Problematisch ist hier jedoch, dass durch Begrenzungsbescheide des BAFA nicht eine Leistung vom Staat auf Private übergegangen ist, sondern privatrechtliche

---

167 EuGH 19.5.1999 – C-6/97 (Italien/Kommission), Slg 1999, I-2981 -, Rn 32 ff.
168 EuGH 29.1.1998 – C-280/95 (Kommission/Italien), Slg 1998, I-259, Rn 12 ff.
169 EuGH 29.1.1998 – C-280/95 (Kommission/Italien), Slg 1998, I-259, Rn 18 ff; EuGH 3.7.2001 – C-378/98 (Kommission/Belgien), Slg 2001, I-5107, Rn 32; EuGH 12.5.2005 – C-415/03 (Kommission/Griechenland), Slg 2005, I-3875, Rn 43.
170 *Bungenberg/Motzkus,* WiVerw 2013, 73 (107).
171 *Palme,* NVwZ 2014, 559 (561).
172 *Koenig,* EWS 1 2014, "die erste Seite"; *Palme,* NVwZ 2014, 559 (561).
173 Dazu ausf. *Bungenberg/Motzkus,* WiVerw 2013, 73 (117 ff.); vgl. auch EuGH 2.7.2002 – C-499/99 (Kommission/Spanien), Slg 2002, I-6031, Rn 25, 37 f.
174 *Bungenberg/Motzkus,* WiVerw 2013, 73 (108 ff.).
175 *Bungenberg,* in: Birnstiel/Bungenberg/Heinrich, Kap. 2 Rn 467 ff.

Zahlungsansprüche der EVU gegenüber privilegierten Letztverbrauchern begrenzt werden (siehe dazu im Einzelnen oben 2. b. aa.) und so nur privatrechtliche Rechtsbeziehungen hoheitlich überformt werden.[176] Wie aber bereits gezeigt, beruht das System der BAR auf staatlicher Initiative, steht unter staatlicher Aufsicht und lässt damit die verschobenen Mittel zu staatlichen Mitteln im Sinne des unionalen Beihilfenverbots werden. Daraus folgt, dass § 49a VwVfG ggf. dahingehend unionsrechtskonform auszulegen wäre, dass auch die vorliegende Konstellation erfasst ist.[177] Um eine weitestgehende Wiederherstellung wettbewerblicher und binnenmarktkonformer Verhältnisse zu erreichen, müssten diese Zahlungsströme somit rückgängig gemacht werden; den nichtprivilegierten Letztverbrauchern und allen, die durch die BAR wirtschaftlichen Schaden erlitten haben, der nach üblichen Marktbedingungen nicht zu tragen gewesen wäre, müssten ihre entsprechenden Kosten rückerstattet werden. Freilich bestünde hierin ein regelrechter „Spagat", der nicht zuletzt auch mit massiven organisatorischen und administrativen Problemen verbunden wäre. Wohl auch deswegen ist die Bundesrepublik stark an einer politisch-legislativen Lösung im Dialog mit der Kommission interessiert, um –was insofern einzigartig wäre – im Rahmen von Anpassungsplänen die entstandenen Wettbewerbsverzerrungen verteilt über die nächsten Jahre schrittweise rückgängig zu machen (dazu unten Abschnitt 4. c.)

Hinsichtlich der zeitlichen Dimension eines eventuellen Rückforderungsbeschlusses ist zunächst von Bedeutung, dass der Eröffnungsbeschluss eine (formelle) Rechtswidrigkeit der BAR ab dem Datum des Inkrafttretens des EEG 2012, d.h. ab dem 1.1.2012 konstatiert.[178] Konkret ist jedoch zu beachten, dass Umlagebegrenzungen, die nach EEG 2012 im Jahre 2012 beantragt werden konnten, erst für das Folgejahr Wirkung erlangten (vgl. § 43 Abs. 1 S. 3 EEG 2012); Rückforderungen sind damit tatsächlich erst für ab dem 1.1.2013 gewährte Umlagebegrenzungen möglich.[179] Der Rückforderungszeitraum reicht von dort nicht nur bis zum Inkrafttreten des EEG 2014 am 1.8.2014, sondern (theoretisch) bis zum 31.12.2014, da Begrenzungen nach EEG 2012 im Jahre 2013 für das gesamte Folgejahr 2014 ausgesprochen wurden; zu beachten sind insoweit ggf. aber die entsprechenden Übergangsbestimmungen des EEG 2014. Eine zeitliche Begrenzung von Rückforderungen wäre darüber hinaus ohnehin

---

176 Insoweit zutreffend *Gent/Hädrich/Herbort,* S. 115.
177 A.A.*Gent/Hädrich/Herbort,* S. 115.
178 KOM, Eröffnungsbeschluss, Rn 150.
179 So auch *Macht/Nebel,* NVwZ 2014, 765 (765).

nicht möglich: In der bereits angeführten Rechtssache *Vent de Colère* (dazu siehe bereits oben 3. c. dd.) war die französische Regierung offenbar schon davon ausgegangen, dass der Gerichtshof den Beihilfencharakter der Maßnahme bejahen würde. Sie hatte unter Verweis auf den guten Glauben der Betroffenen deswegen eine zeitliche Begrenzung der Urteilswirkung beantragt, um so drohenden, erheblichen Rückabwicklungen aus dem Wege zu gehen. Der Antrag wurde vom EuGH aber konsequent und mit der Begründung abgelehnt, der französischen Regierung hätten das Durchführungsverbot einer Beihilfe sowie die rechtlichen Folgen der unterbliebenen Notifizierung „nicht verborgen bleiben können."[180]

Eine abschließende Beurteilung der BAR durch die Kommission wird für Herbst bis Jahresende 2014 erwartet. Sollte diese auch Rückforderungsanordnungen treffen, ist nach der vorangegangenen Darstellung klar, dass diese strikt durchzuführen wären. Besondere Bedeutung können in diesem Zusammenhang aber die Regelungen der am 1.7.2014 in Kraft getretenen Umweltschutz- und Energiebeihilfen-Leitlinien erlangen, die teilweise rückwirkende Wirkung entfalten (dazu näher sogleich unten 4. c.).

c. Auswirkungen der Leitlinien für staatliche Umweltschutz- und Energiebeihilfen 2014-2020 auf mögliche Rückforderungen

Die Gefahr möglicher Rückforderungen von im Rahmen der BAR gewährten Vergünstigungen für stromintensive Unternehmen relativiert sich durch die Leitlinien der Kommission für Umweltschutz- und Energiebeihilfen 2014-2020.[181] Mit diesen legt die Kommission die Voraussetzungen fest, unter denen sie Umwelt- und Energiebeihilfen, die nicht ohnehin der neuen AGVO[182] unterfallen, als mit dem Binnenmarkt vereinbar ansehen wird. Hier wurden in Abschnitt 3.7.2 (Rn 181 ff.) erstmals Beihilfen „in Form von Ermäßigungen des Beitrags zur Förderung Erneuerbarer Energien" und

---

180 EuGH, 19.12.2013 – C-262/12 (Vent de Colère), noch nicht in amtl. Slg erschienen, Rn 38 ff.
181 Leitlinien für staatliche Umweltschutz- und Energiebeihilfen 2014-2020, ABl 2014 C 200/1 – nachfolgend „LL Umweltschutz- und Energiebeihilfen 2014-2020."
182 Verordnung (EU) Nr. 651/2014 der Kommission vom 17.6.2014 zur Feststellung der Vereinbarkeit bestimmter Gruppen von Beihilfen mit dem Binnenmarkt in Anwendung der Artikel 107 und 108 des Vertrags über die Arbeitsweise der Europäischen Union, ABl 2014 L 187/1.

speziell die Möglichkeit berücksichtigt, dass stromintensive Unternehmen von Belastungen aus der Förderung von Erneuerbaren Energien dienenden Umlagesystemen befreit werden können (zu den Neuerungen im Einzelnen unten 5. a.). Aus den Regelungen des Abschnitts 3.7.3 der neuen Leitlinien ergibt sich aber zugleich, dass die Kommission die BAR des EEG 2012 unter den neuen Leitlinien messen will.[183] Die hierin enthaltenen Übergangsvorschriften entfalten teilweise auch Rückwirkung. Für Beihilfen, die vor dem Zeitpunkt des Inkrafttretens der neuen Leitlinien (1.7.2014) eingeführt worden sind und an Unternehmen vergeben wurden, die nach Abschnitt 3.7.2 der Leitlinien auch nicht „beihilfefähig", d.h. genehmigungsfähig sind, kann zwischen der Kommission und dem betreffenden Mitgliedstaat ein sog. Anpassungsplan vereinbart werden. Ein solcher soll einzelnen Unternehmen einen abrupten Einbruch an Beihilfen ersparen und enthält zu diesem Zweck eine progressive Anpassung bestehender an vereinbare Fördersätze.[184] Voraussetzung ist aber, dass im Anpassungsplan ein Selbstbehalt von 20 % der regulären Abgabe enthalten ist, der bis spätestens zum 1.1.2019 progressiv einzuführen ist.[185] Außerdem muss der Anpassungsplan von der Kommission genehmigt und zu diesem Zwecke spätestens zwölf Monate nach Inkrafttreten der neuen Leitlinien angemeldet sein.[186] Die Rückwirkung greift bis einschließlich zum 1.1.2011 und umfasst damit den gesamten im Eröffnungsbeschluss der Kommission gerügten Geltungszeitraum des EEG 2012.[187] Unter diesen Vorgaben besteht demnach bis zum 30.6.2015[188] die Möglichkeit, in Abstimmung mit der Kommission nachträglich eine Vereinbarkeit von erhaltenen Beihilfen im Rahmen der BAR 2012 herbeizuführen. Die Bundesrepublik Deutschland auch bereits erste Eckpunkte für einen solchen Anpassungsplan der Kommission vorgelegt.[189] Der Selbstbehalt von 20 % der regulären Abgabe mag für den Regelfall der Unternehmen zwar eine Schlechterstellung gegenüber der noch bestehenden Situation darstellen, dürfte aber wesentlich günstiger als eine

---

183 KOM, Pressemitteilung IP/14/867 v. 23.7.2014; LL Umweltschutz- und Energiebeihilfen 2014-2020.", Rn 193 ff.
184 LL Umweltschutz- und Energiebeihilfen 2014–2020, Rn 195.
185 LL Umweltschutz- und Energiebeihilfen 2014–2020, Rn 197.
186 LL Umweltschutz- und Energiebeihilfen 2014–2020, Rn 199 f.
187 LL Umweltschutz- und Energiebeihilfen 2014–2020, Rn 248; *Ludwigs,* REE 2014, 65 (75).
188 LL Umweltschutz- und Energiebeihilfen 2014–2020, Rn 200.
189 KOM, Pressemitteilung IP/14/867 v. 23.7.2014; LL Umweltschutz- und Energiebeihilfen 2014-2020, Rn 196 f.

vollständige Rückforderung inklusive Zinsen kommen. Inwieweit die Unionsgerichte dieses neuartige Vorgehen der Kommission im Lichte der strengen Vorgaben des Durchführungsverbots aus Art. 107 Abs. 3 S. 3 AEUV, Art. 3 VVO billigen, steht freilich auf einem anderen Blatt. Die Gefahr von Rückforderungen ist somit nach wie vor nicht gebannt.

Durch diese Regelung wird zwar ein zweckmäßiger Ausgleich der eingangs dargestellten teils in Zielkonflikt stehenden Interessen des Umwelt- und Ressourcenschutzes einerseits und des Schutzes eines funktionierenden wettbewerblich ausgestalteten Binnenmarktes andererseits sichergestellt, gleichzeitig aber die primärrechtlichen Verfahrensvorgaben durch exekutives Zusammenwirken - mitgliedstaatliche Ministerien und Kommission – unterlaufen.

5. Unionsrechtliche Rahmenbedingungen für die EEG-Reform 2014

Im Lichte der dargestellten Problempunkte waren die Rahmenbedingungen zur EEG-Reform 2014 in stärkerem Maße unions- und vor allem beihilfenrechtlich determiniert als je zuvor. Nicht zuletzt stand der Legislativprozess zum EEG 2014 auch im Schatten des laufenden Beihilfenprüfverfahrens zum EEG 2012.

Nicht verwunderlich ist deswegen auch, dass – um ein Scheitern der politisch gewollten und vorangetriebenen Reform zu verhindern – bereits in den Vorstadien und ersten Entwürfen eine enge Abstimmung mit unionsrechtlichen Rahmenbedingungen und dort insbesondere den neuen, dort schon ab- und einsehbaren Leitlinien für Umweltschutz- und Energiebeihilfen vorgenommen wurde. Dass zuvor seitens der Bundesregierung auf politischem wie sicherlich auch informellem Wege auf den Inhalt des Leitlinienentwurfs Einfluss genommen wurde, ist dabei freilich ein offenes Geheimnis.

Nachdem der Entwurf und die für das EEG 2014 vorgesehenen Regelungen von der Bundesregierung der Kommission gegenüber notifiziert[190] wurden, hat Letztere das EEG 2014 dementsprechend auch genehmigt.[191] Beihilfenrechtliche Problemstellungen sind aufgrund der engen Abstimmung für im Rahmen des EEG 2014 ausgereichte Beihilfen damit eher unwahrscheinlich, wenngleich nicht ausgeschlossen.

---

190 Staatliche Beihilfe SA.38632 (2014/N).
191 „Entscheidung [bzw. nunmehr Beschluss], keine Einwände zu erheben" i.S.v. Art. 4 Abs. 3 VVO; C(2014) 5081 endg. v. 23.7.2014.

a. Neue Leitlinien der Kommission für Umweltschutz und Energie 2014–2020

Bereits seit 2012 war die Kommission dabei, die Leitlinien für Umweltschutzbeihilfen aus 2008[192] zu überarbeiten; nach drei öffentlichen Konsultationsverfahren, die neben den Mitgliedstaaten auch andere Interessengruppen umfassten, hat dieser Prozess in den bereits skizzierten neuen Leitlinien für staatliche Umweltschutz- und Energiebeihilfen 2014–2020 (Guidelines on State aid for environmental protection and energy 2014-2020, EEAG) ein vorläufiges Ende gefunden. Die neuen Leitlinien traten am 1.7.2014 in Kraft und haben die vorangegangenen Leitlinien ersetzt.[193] Maßgeblicher Hintergrund der Überarbeitung der Leitlinien aus 2008 war vor allem, dass diese Beihilfen zur Förderung Erneuerbarer Energien nicht abdeckten, obwohl solcherlei Beihilfen in den vergangenen Jahren von der Kommission immer häufiger festgestellt wurden.[194] Da hierfür keine spezifischen Kriterien galten, mussten diese anhand der allgemeineren Beihilfenvorschriften des Art. 107 AEUV gemessen werden. Die neuen Leitlinien enthalten nunmehr erstmals[195] auch Vorgaben, unter welchen Bedingungen Unternehmen, die in besonderem Maße dem internationalen Wettbewerb ausgesetzt sind und von nationalen Abgaben zur Förderung Erneuerbarer Energien belastet werden, von diesen befreit werden können.[196] Weiter wird auch die Förderung grenzübergreifender Energieinfrastrukturen und zum Ausbau der Infrastrukturen in den weniger entwickelten Gebieten Europas ermöglicht.[197] Ziel der Kommission ist zudem, parallel zu diesem Systemumschwung auch die Verfahren für die Durchführung bestimmter Beihilfemaßnahmen in den Bereichen Umweltschutz und Energie zu vereinfachen. Zu diesem Zweck sind mehrere Kategorien von Umwelt- und Energiebeihilfen in die überarbeitete Allgemeinen Gruppenfreistellungsverordnung (AGVO)[198] aufgenommen worden (vgl. dort Art. 41 ff.), so dass eine

---

192 Leitlinien der Gemeinschaft für staatliche Umweltschutzbeihilfen, ABl. 2008 C 82/1.
193 LL Umweltschutz- und Energiebeihilfen 2014–2020, Rn 246.
194 KOM, Pressemitteilung IP/14/400 v. 9.4.2014.
195 *Ludwigs*, REE 2014. 65 (74 f.).
196 LL Umweltschutz- und Energiebeihilfen 2014–2020, Rn 181 ff.
197 LL Umweltschutz- und Energiebeihilfen 2014–2020, Rn 201 ff.
198 Verordnung (EU) Nr. 651/2014 der Kommission vom 17.6.2014 zur Feststellung der Vereinbarkeit bestimmter Gruppen von Beihilfen mit dem Binnenmarkt in Anwendung der Artikel 107 und 108 des Vertrags über die Arbeitsweise der Europäischen Union, ABl 2014 L 187/1.

vorherige Genehmigung dieser durch die Kommission nicht mehr erforderlich ist.

Ein wesentlicher inhaltlicher Kernpunkt der neuen Leitlinien ist die marktwirtschaftliche orientierte und binnenmarktkonforme Ausrichtung von Fördersystemen für Erneuerbare Energien durch die schrittweise Einführung von marktorientierten Mechanismen.[199] Die Kommission gibt an, dass das bemerkenswerte Wachstum Erneuerbarer Energien der letzten Jahre zwar zum Teil auch auf entsprechende Förderungen zurückzuführen sei, hierdurch aber auch erhebliche Marktverzerrungen und steigende Kosten für die Verbraucher entstanden seien.[200] Da nach Ansicht der Kommission einige etablierte Technologien zur Erzeugung Erneuerbarer Energie mittlerweile soweit ausgereift sind, dass sie schrittweise in den Markt integriert werden können, sollen staatliche Förderungen hierfür insgesamt degressiv zurückgehen.[201] Sofern Betriebsbeihilfen zur Förderung aus Erneuerbaren Energien vergeben werden sollen, muss dies ab dem 1.1.2017 mittels Ausschreibungsverfahren anhand eindeutiger, transparenter und diskriminierungsfreier Kriterien erfolgen.[202] Dadurch soll die Kosteneffizienz erhöht und die Möglichkeit von Wettbewerbsverzerrungen verringert werden. Das auch in Deutschland bisher recht erfolgreiche System von festen Einspeisetarifen soll schrittweise und schon zum 1.1.2016 durch Marktprämien ersetzt werden, d.h. statt fixer Tarife sollen Erzeuger von Strom aus Erneuerbaren Energien diesen nunmehr selbst vermarkten und so Marktsignalen ausgesetzt werden; zum bei der Direktvermarktung erzielten Preis werden zusätzliche Prämien gewährt, anhand derer eventuelle Fehlbeträge ausgeglichen werden können.[203] Für kleine und Demonstrationsanlagen werden

---

199 *Vach,* EuZW 2014, 404 (404).
200 „Es ist an der Zeit, dass Erneuerbare Energien am Marktgeschehen teilnehmen. Die neuen Leitlinien bieten einen Rahmen für die Ausgestaltung effizienterer öffentlicher Förderungen, die schrittweise und pragmatisch Marktbedingungen widerspiegeln. Europa sollte seine ehrgeizigen Energie- und Klimaziele zu möglichst geringen Kosten für die Steuerzahler und ohne übermäßige Wettbewerbsverzerrungen im Binnenmarkt erreichen. Dies wird dazu beitragen, dass Energie für die europäischen Bürger und Unternehmen bezahlbarer wird."; Joaquín Almunia, zit. in KOM, Pressemitteilung IP/14/400 v. 9.4.2014.
201 LL Umweltschutz- und Energiebeihilfen 2014–2020, Rn 108.
202 LL Umweltschutz- und Energiebeihilfen 2014–2020, Rn 126 mit weiteren Kriterien und Ausnahmemöglichkeiten.
203 LL Umweltschutz- und Energiebeihilfen 2014–2020, Rn 124

über Sonderregelungen aber weiterhin Einspeisetarife oder gleichwertige Förderungen möglich sein.[204]

Die Einführung insbesondere des Ausschreibungsverfahrens sowie des Marktprämiensystems ist insofern nicht ganz unkritisch, als die Leitlinien als „soft law" einzustufen sind und so eben nicht den verbindlichen Rechtsaktformen des Art. 288 Abs. 1 i.V.m. Abs. 2, 3 oder 4, sondern vielmehr Abs. 5 AEUV als nicht verbindliche Stellungnahme[205] zuzuordnen sind. Sie entfalten somit keine (unmittelbare) Außenwirkung.[206] Zwar kommt ihnen nicht zuletzt aufgrund ihrer entscheidungspolitischen Vorgaben und der aus dem Gleichheitssatz resultierenden Selbstbindung der Kommission mittelbare Außenwirkung zu; die Leitlinien sind aber insbesondere im Vergleich zur Erneuerbare-Energien-Richtlinie[207] als niederrangig einzustufen. Letztere jedoch belässt den Mitgliedstaaten ausdrücklich die Möglichkeit, im Rahmen ihrer Förderpolitik auch Einspeisetarifsysteme zu wählen (vgl. etwa Erwägungsgründe 36 und 60 sowie Art. 2 lit. k EE-RL), was durch die Vorgaben der Leitlinien nunmehr tangiert wird.[208] Art. 3. Abs. 3 EE-RL erklärt andererseits das unionale Beihilfenrecht für anwendbar.[209] Da die Leitlinien das der Kommission in Art. 107 Abs. 3 AEUV zustehende Ermessen ausformen und somit dem Beihilfenrecht zuzuordnen sind, geben die Leitlinien den unmittelbaren Rahmen vor, an dem sich die Bundesregierung bei der Neufassung des EEG[210], das zum 1.8.2014 in Kraft getreten ist, maßgeblich orientieren musste.

Hinsichtlich der Überarbeitung der BAR des EEG 2014 enthalten die neuen Leitlinien sehr spezifische Vorgaben. Maßgebliches Ziel und zugleich Auswahlkriterium war es dabei, zu verhindern, dass die Unternehmen einen erheblichen wettbewerblichen Nachteil erleiden und womöglich

---

204 LL Umweltschutz- und Energiebeihilfen 2014–2020, Rn 125.
205 *Macht/Nebel*, NVwZ 2014, 765 (767).
206 *Calliess*, in: Calliess/Ruffert, EUV/AEUV, Art. 171 AEUV Rn 3.
207 Richtlinie 2009/28/EG des Europäischen Parlaments und des Rates v. 23.4.2009 zur Förderung der Nutzung von Energie aus erneuerbaren Quellen und zur Änderung und anschließenden Aufhebung der Richtlinien 2001/77/EG und 2003/30/EG, ABl. 2009 L 140/16.
208 Krit. auch *Burgi/Wolff*, EuZW 2014, 647 (650); *Bickenbach*, DÖV 2014, 953 (957); *Schulte-Beckhausen/Schneider/Kirch*, RdE 2014, 101 (102 f.).
209 *Bickenbach*, DÖV 2014, 953 (957).
210 Gesetz für den Ausbau Erneuerbarer Energien (Erneuerbare-Energien-Gesetz - EEG 2014) vom 21.7.2014 (BGBl. I S. 1066), zuletzt geändert am 22.7.2014 (BGBl. I S. 1218) – nachfolgend „EEG 2014".

abwandern.[211] Zur Beurteilung dieses Risikos wurde auf die Stromkosten– und Handelsintensität der Wirtschaftszweige abgestellt, so dass Anhang 3 nunmehr diejenigen Branchen auflistet, die auf EU-Ebene eine besonders hohe Handelsintensität mit Drittstaaten und/oder eine besonders hohe Stromkostenintensität aufweisen.[212] Für Entlastungen, die über die 68 in Anlage 3 aufgeführten Branchen hinausgehen, ist eine Privilegierung nur für Unternehmen möglich, die in einem Wirtschaftszweig tätig sind, dessen Handelsintensität auf Unionsebene mindestens 4 % und deren Stromkostenanteil an der Bruttowertschöpfung mindestens 20 % beträgt; mit dieser Ausnahme soll der Heterogenität der Stromintensität bestimmter Wirtschaftszweige Rechnung getragen werden.[213] Eine Beihilfe wird von der Kommission als verhältnismäßig angesehen, wenn die jeweiligen Empfänger mindestens 15 % der durch die Umlage entstehenden Kosten selbst tragen müssen.[214] In bestimmten Fällen können Umlagen auch auf 4 % bzw. 0,5 % der Bruttowertschöpfung des jeweiligen Unternehmens begrenzt werden.[215] Da die ursprünglichen Pläne der Kommission wesentlich restriktivere Vorgaben beinhalteten, können die jetzigen Regelungen auch als Verhandlungserfolg der Bundesregierung verzeichnet werden, die sich in die Verhandlungen zu Gunsten der stromintensiven Industrie intensiv eingesetzt hatte.[216]

b. Neufassung der „besonderen Ausgleichsregelung" im EEG 2014

Das EEG 2014, das durch Änderung des bisherigen EEG 2012 zum 1.8.2014 in Kraft getreten ist, und die darin enthaltenen Bestimmungen zur Privilegierung stromintensiver Industrie richten sich, wie bereits aufgezeigt, ganz eng an den ebenfalls skizzierten Maßstäben der neuen Leitlinien

---

211 LL Umweltschutz- und Energiebeihilfen 2014–2020, Rn 186.
212 LL Umweltschutz- und Energiebeihilfen 2014–2020, Rn 185.
213 LL Umweltschutz- und Energiebeihilfen 2014–2020, Rn 186; ergänzt wurde zudem an versteckter Stelle (Fußnote 7 des Anhang 3 der Leitlinien) eine Klarstellung, dass die Kommission die Liste überprüfen kann, wenn Hinweise vorliegen, dass sich die zugrunde gelegten Branchendaten verändert haben. Industriezweige, die sich also zu Unrecht nicht auf der Liste sehen, können hier ggf. auf Nachbesserung in der Zukunft hoffen.
214 LL Umweltschutz- und Energiebeihilfen 2014–2020, Rn 188.
215 LL Umweltschutz- und Energiebeihilfen 2014–2020, Rn 189; dazu auch *Schulte-Beckhausen/Schneider/Kirch*, RdE 2014, 101 (101 ff.).
216 Mit diesem Hinweis *Ludwigs*, REE 2014, 65 (75).

für staatliche Umweltschutz- und Energiebeihilfen 2014–2020 aus. Die Übereinstimmung mit den Leitlinien führt zwangsweise zu einem schrittweisen Systemwechsel, der weg von einer technologieabhängigen, festen Einspeisevergütung hin zu einer Direktvermarktung führt.[217] Die BAR findet sich nunmehr in den §§ 63 ff. EEG 2014, ergänzt durch Übergangs- und Härtefallregelungen[218] in § 103 EEG 2014.

aa. Kreis der Antragsberechtigten

Entsprechend der Vorgaben der neuen Leitlinien verändert sich zunächst der Kreis der Antragsberechtigten. Während nach dem EEG 2012 für die Privilegierungen der BAR grds. alle „Unternehmen des produzierenden Gewerbes" (§ 3 Nr. 13, Nr. 14 EEG 2012) in Frage kamen, wurde diese Voraussetzung im EEG 2014 gestrichen. Die Neuregelung in §§ 63 Nr. 1, 64 EEG 2014 verweist stattdessen auf die in Anlage 4 zum EEG 2014 positiv gelisteten „stromkosten- oder handelsintensive Branchen", denen ein Unternehmen angehören muss, um überhaupt in den Genuss der BAR kommen zu können. Nur bei den hier aufgeführten Branchen wird davon ausgegangen, dass sie aufgrund ihrer Stromkosten-und Handelsintensität bei voller Umlagepflicht einem Risiko für ihre internationale Wettbewerbssituation ausgesetzt wären. Die Branchen in Anlage 4 werden in zwei Listen eingeteilt, wovon Liste 1 dem Anhang 3 der Leitlinien (beihilfenfähige Wirtschaftszweige mit hoher Strom- und Handelsintensität) sowie Liste 2 dem Anhang 5 der Leitlinien (Handelsintensität auf EU-Ebene von mehr als 4 %) für staatliche Umweltschutz- und Energiebeihilfen 2014–2020 entspricht. Schon hier wird deutlich, wie eng die Bindung an die Vorgaben der Leitlinien der Kommission ist.

bb. Antragsvoraussetzungen

In formeller Hinsicht ist zu erwähnen, dass die materielle Ausschlussfrist des § 43 Abs. 1. S. 1 i.V.m. § 41 Abs. 2 EEG 2012, nach der innerhalb der Frist sämtliche erforderlichen Antragsunterlagen einzureichen waren, entschärft wurde. Zwar beinhaltet § 66 Abs. 1 S. 1 EEG 2014 nach wie vor

---

217 *Macht/Nebel*, NVwZ 2014, 765 (768).
218 Zu Problem im Einzelnen *Große/Kachel*, NVwZ 2014, 1122 (1126 ff.).

eine materielle Ausschlussfrist zum 30.6. des Jahres für das nächste Kalenderjahr (für das Antragsjahr 2014 legt § 103 Abs. 1 Nr. 5 EEG 2014 den 30.9. fest), es genügt neben dem eigentlichen Antrag einstweilen aber die Vorlage der Wirtschaftsprüferbescheinigung und der Nachweis über die Zertifizierung des Umwelt- bzw. Energiemanagementsystems nach § 64 Abs. 3 Nr. 1 lit. c, Nr. 2 EEG 2014. Weitere Nachweise können gem. § 66 Abs. 1 S. 3 EEG 2014 nachgereicht werden; allenfalls nach wiederholter Aufforderung soll ein Antrag wegen nicht erfolgter Mitwirkung abgelehnt werden können.[219] § 66 Abs. 2 EEG 2014 legt fest, dass Anträge auf Umlagebegrenzung ab dem Antragsjahr 2015 nur noch über das elektronische Portal „ELAN-K2" des BAFA gestellt werden können.

Die materiellen Antragsvoraussetzungen unterscheiden sich ebenfalls in Details. Die Voraussetzung eines Strombezugs an der zu begrenzenden Abnahmestelle von mindestens einer 1 GWh innerhalb des letzten abgeschlossenen Geschäftsjahres bleibt zunächst bestehen (§ 64 Abs. 1 Nr. 1 EEG 2014). Allerdings müssen Unternehmen nunmehr eine Stromkostenintensität (§ 64 Abs. 6 Nr. 3 EEG 2014) von 16 % ab 2015 (ab dem Begrenzungsjahr 2016: 17 %) nachweisen, wenn sie in Liste 1 des Anhangs 4 fallen, bzw. von 20 %, wenn sie unter Liste 2 zu fassen sind. Unter dem EEG 2012 war noch ein Verhältnis der von dem Unternehmen zu tragenden Stromkosten zur Bruttowertschöpfung des Unternehmens von 14 % vorgesehen (§ 41 Abs. 1 Nr. 1 lit. b EEG 2012).

Mit der Anhebung der Schwellenwerte sind auch die Begriffe der Stromkostenintensität und der Bruttowertschöpfung in § 64 Abs. 6 EEG 2014 neu definiert worden. Grundlage für die Stromkostenintensität nach Nr. 3 sind weiterhin die maßgeblichen Stromkosten im Verhältnis zur Bruttowertschöpfung. Die maßgeblichen Stromkosten beziehen sich nun aber nicht mehr auf die tatsächlich verbrauchte Strommenge des letzten abgeschlossenen Geschäftsjahres, sondern werden durch die Multiplikation des arithmetischen Mittels des Stromverbrauchs der letzten drei Jahre oder eines standardisierten Stromverbrauchs, ggf. unter Anwendung von Stromeffizienzreferenzwerten sowie über durchschnittliche Strompreise, berechnet. § 94 Nr. 2 EEG 2014 enthält eine Verordnungsermächtigung an das Bundeswirtschaftsministerium, um festzulegen, wie der zugrunde zu legende durchschnittliche Strompreis zu berechnen ist.[220] Der Begriff der Bruttowertschöpfung (§ 64 Abs. 6 Nr. 2 EEG 2014) orientiert sich weiterhin an der

---

219 So *Große/Kachel,* NVwZ 2014, 1122 (1224).
220 Dazu *Große/Kachel,* NVwZ 2014, 1122 (1123).

Definition des Statistischen Bundesamtes. Aufgrund der Vorgaben der Leitlinien erfolgt nun aber keine Betrachtung zu Marktpreisen mehr; die Bruttowertschöpfung wird nun zu Faktorkosten bestimmt. Dabei wird ebenfalls der Schnitt der letzten drei Jahre betrachtet. Abweichend von der Definition des Statistischen Bundesamtes werden aber die Personalkosten für Leiharbeitsverhältnisse nicht mehr in Abzug gebracht. Dies soll verhindern, dass – wie mitunter zum Beispiel im Lebensmittelsektor geschehen – Beschäftigungskonzepte praktiziert werden, durch die sich Einfluss auf die Berechnung der Bruttowertschöpfung (und damit notwendig auch das Verhältnis der Stromkosten dazu) nehmen lässt.

Weitere Voraussetzung ist ein Energie- oder Umweltmanagementsystems bei Unternehmen mit einem Jahresstromverbrauch von mehr als 5 GWh, das durch Vorlage einer Zertifizierung nach DIN EN ISO 50001 oder EMAS nachzuweisen ist (§ 64 Abs. 1 Nr. 3, Abs. 3 Nr. 2 EEG 2014). Bei Unternehmen unterhalb von 5 GWh Verbrauch innerhalb des letzten abgeschlossenen Geschäftsjahres genügt ein alternatives System zur Verbesserung der Energieeffizienz nach § 3 der Spitzenausgleich-Effizienzsystemverordnung.[221]

cc. Wirkung der Begrenzungsentscheidung

Regelungen hinsichtlich der Wirkung der Begrenzungsentscheidung finden sich nunmehr in §§ 63, 64 Abs. 2 i.V.m. § 66 Abs. 5 S. 1 EEG 2014.

§ 66 Abs. 2 Nr. 1 EEG 2014 normiert zunächst einen Selbstbehalt in Höhe von 1 GWh, für den die EEG-Umlage nicht begrenzt wird und dementsprechend voll zu zahlen ist. Nr. 2 regelt die Begrenzung für den Stromanteil über 1 GWh. Gem. den Vorgaben der Leitlinien[222] erfolgt hier eine grundsätzliche Begrenzung der Umlage auf 15 % der geltenden EEG-Umlage (§ 60 Abs. 1 EEG 2014). § 64 Abs. 2 Nr. 3 sieht eine weitere Deckelung vor, die sich im Einklang mit den Leitlinien[223] nach der Stromkostenintensität des Unternehmens richtet. Kein Unternehmen muss für die EEG-Umlage mehr zahlen als 4 % seiner Bruttowertschöpfung („cap"); sofern die Stromkostenintensität mehr als 20 % beträgt, sind nur noch 0,5 % der

---

221 Verordnung über Systeme zur Verbesserung der Energieeffizienz im Zusammenhang mit der Entlastung von der Energie- und der Stromsteuer in Sonderfällen (Spitzenausgleich-Effizienzsystemverordnung – SpaEfV) v. 31.7.2013 (BGBl. I S. 2858).
222 LL Umweltschutz- und Energiebeihilfen 2014–2020, Rn 188.
223 LL Umweltschutz- und Energiebeihilfen 2014–2020, Rn 189.

Das EEG-2012-Modell und die Privilegierung stromintensiver Unternehmen

Bruttowertschöpfung zu zahlen („super-cap"). Allerdings legt § 64 Abs. 2 Nr. 4 EEG 2014 einen Mindestbetrag (d.h. einen „floor") von 0,1 ct pro kWh und für bestimmte Unternehmen der Nichteisenmetall-Branche von 0,05 ct pro kWh außerhalb des Selbstbehalts von 1 GWh fest. Läge somit die Belastung der Unternehmen durch Anwendung des „Caps" unterhalb der Mindestumlage, bleibt diese zu entrichten. Ist der Cap dagegen höher als die Mindestumlage, so ist der Cap zu entrichten. Für die Berechnung, ob der fragliche Anteil der Bruttowertschöpfung erreicht ist, wird die begrenzte Umlage, die an allen begünstigten Abnahmestellen eines Unternehmens zu zahlen ist, zusammengerechnet.

Neu ist, dass die Begrenzung der EEG-Umlage für die gesamte, vom Unternehmen selbst verbrauchte Strommenge gilt (§ 64 Abs. 2 EEG 2014). Dies schließt – wie die Definition der Stromkostenintensität in § 64 Abs. 6 Nr. 3 EEG 2014 ausdrücklich zeigt – neben bezogenen auch selbst erzeugte umlagepflichtige Strommengen mit ein. Dies ist durch die Einbeziehung von Eigenversorgern in den Ausgleichsmechanismus (§ 61 EEG 2014) erforderlich geworden.[224]

Hinsichtlich der Rücknahme von Begrenzungsentscheidungen regelt § 68 Abs. 1 EEG 2014 nunmehr, dass diese mit Wirkung auch für die Vergangenheit zurückzunehmen sind, wenn bekannt wird, dass bei ihrer Erteilung die Voraussetzungen nach den §§ 64 oder 65 nicht vorgelegen haben. Es handelt sich hier um eine Spezialregelung zu § 48 VwVfG, die die Rücknahme von Begrenzungsbescheiden erheblich vereinfacht, da sie eine gebundene Entscheidung vorsieht und so Belange des Vertrauensschutzes oder etwaiger Entreicherung nicht mehr in eine Entscheidung über die Rücknahme einfließen können; auch eine Ersatzpflicht nach § 48 Abs. 3 VwVfG scheidet aus.[225]

Anzumerken ist auch, dass die behördlichen Kontroll- und Ermittlungsbefugnisse des BAFA durch die Regelungen in §§ 68, 69 EEG 2014 z.T. erheblich ausgeweitet wurden. So kann das BAFA zum Zwecke der Prüfung der gesetzlichen Voraussetzungen auch gegen den Willen der Betroffenen Auskünfte verlangen, geschäftliche Unterlagen einsehen sowie Betriebs- und Geschäftsräume und Grundstücke betreten. Auch die bisherigen Mitwirkungs- und Auskunftspflichten wurden durch die Neufassung in § 59 EEG 2014 ausgeweitet und konkretisiert.

---

224 *Große/Kachel*, NVwZ 2014, 1122 (1125).
225 *Große/Kachel*, NVwZ 2014, 1122 (1126).

dd. Übergangs- und Härtefallregelungen

Das neue System der BAR wird grundsätzlich ab dem Antragsjahr 2014 für die Begrenzung in 2015 eingeführt. Die Systemumstellung wird aber durch Übergangsregelungen für alle Unternehmen erleichtert, die in § 103 EEG 2014 festgelegt sind; Abs. 1 normiert Übergangsregelungen für das Begrenzungsjahr 2015, Abs. 2 für 2016. Abs. 1 Nr. 1 ermöglicht es Unternehmen, die bisher kein Energie- oder Umweltmanagementsystem betreiben mussten, eine Begrenzung zu erhalten, auch wenn sie in 2014 keine gültige Zertifizierung vorlegen können. Diese Unternehmen müssen jedoch die subjektive Unmöglichkeit der Beschaffung innerhalb des diesjährigen Antragsverfahrens nachweisen. Abs. 1 Nr. 2 (Begrenzungsjahr 2015) sowie Abs. 2 Nr. 1 (2016) legen fest, dass in beiden Antragsjahren bei der Bruttowertschöpfung zu Faktorkosten noch nicht das arithmetische Mittel der letzten drei abgeschlossenen Geschäftsjahre maßgeblich sein muss. Vielmehr können für das Antragsjahr 2014 auch nur das letzte abgeschlossene Geschäftsjahr, für das Antragsjahr 2015 nur die letzten beiden abgeschlossenen Geschäftsjahre zugrunde gelegt werden. Das Gesetz eröffnet den Unternehmen hier also ein Wahlrecht, die jeweils einfacher zu ermittelnden Werte anzuwenden; die neuen Anforderungen an die Ermittlung der Bruttowertschöpfung nach § 64 Abs. 6 Nr. 2 EEG 2014 bleiben aber einzuhalten.[226] Abs. 1 Nr. 3 gibt den Unternehmen durch die Nichtanwendung des § 64 Abs. 6 Nr. 1 letzter Halbsatz auch ausreichend Zeit, an allen Entnahmepunkten und Eigenversorgungsanlagen Stromzähler zu installieren. Abs. 1 Nr. 4 sowie Abs. 2 Nr. 2 sehen zudem vor, dass in den nächsten beiden Antragsjahren die Stromkostenintensität noch anhand der tatsächlichen Stromkosten einschließlich der nach § 61 EEG 2014 umlagepflichtigen selbst verbrauchten Strommengen berechnet wird. Abs. 1 Nr. 6 stellt schließlich klar, dass alle zum 1.8.2014 (Inkrafttreten des EEG 2014) noch nicht beschiedenen Anträge, auch wenn sie noch im Geltungszeitraum des EEG 2012 eingereicht wurden, nach den Maßgaben der §§ 63–69 EEG 2014 behandelt werden.

Unternehmen, die im Geltungszeitraum des EEG 2012 für das Jahr 2014 einen bestandskräftigen Begrenzungsbescheid erhalten haben, sollen sich bis einschließlich zum Jahr 2018 auf einen etwaigen Anstieg der Belastung einstellen können. Zu diesem Zweck soll sich die zu zahlende EEG-Umlage für diese Unternehmen von Jahr zu Jahr höchstens verdoppeln dürfen (§ 103 Abs. 3 EEG 2014). Die Unternehmen bekommen somit die erforderliche

---

226 *Große/Kachel,* NVwZ 2014, 1122 (1127).

Zeit, sich auf die Systemänderung einzustellen; ab dem Jahre 2019 haben sie die allein nach § 64 EEG 2014 begrenzte Umlage zu tragen.

§ 103 Abs. 4 EEG 2014 normiert darüber hinaus eine Übergangsregelung für Unternehmen, die im Begrenzungsjahr 2014 noch einen Begrenzungsbescheid nach den Bestimmungen des EEG 2012 erhalten haben, jedoch nach der Neuregelung im EEG 2014 nicht mehr unter den Kreis der Begünstigten fallen, weil sie etwa keiner Branche nach Anlage 4 zuzuordnen sind oder ihre Stromkostenintensität die erforderlichen Grenzwerte nicht erreicht. Diese Unternehmen zahlen für alle Stromanteile, die über einen Selbstbehalt von 1 GWh hinaus gehen, einen verringerten Satz von 20 % der EEG-Umlage, ggf. zusätzlich begrenzt durch die in § 103 Abs. 3 EEG 2014 vorgesehene Maximalsteigerung. Diese Regelung ist zeitlich nicht befristet. Voraussetzung für die Inanspruchnahme ist jedoch, dass die Unternehmen weiterhin nachweisen, dass ihre Stromkostenintensität im letzten abgeschlossenen Geschäftsjahr mindestens 14 % betragen hat. Andernfalls hätten diese Unternehmen auch bei Fortgeltung des EEG 2012 nicht mehr die BAR in Anspruch nehmen können. Es käme ohne diese Voraussetzung zu einer Besserstellung dieser Unternehmen.

6. Fazit

Der EuGH-Rechtsprechung lassen sich seit der Entscheidung *PreussenElektra* deutliche Tendenzen in Richtung einer funktionalen Betrachtung auch des beihilfenbegrifflichen Staatlichkeitsmerkmals entnehmen; eine „Flucht ins Privatrecht" wird nunmehr auch im Beihilferecht – ebenso wie im Vergaberecht bei der Definition des öffentlichen Auftraggeberbegriffs – ausgeschlossen. Entscheidend ist letztlich, ob der Staat Einfluss auf den Markt nehmen kann. Auf diese Konkretisierung reagieren unionales Tertiärrecht wie auch nationaler Gesetzgeber, wenn sie in dem grundsätzlich im Rahmen des Art. 107 Abs. 3 AEUV bestehenden Ausgestaltungsspielraum – der Kommission kommt ein Ermessensspielraum bei der Genehmigung ökologisch begründeter Beihilfenprogramme zu – durch u.a. Neuformulierung von Leitlinien die Mehrkosten für EE-Programme „umverteilen". Vorsicht ist allerdings geboten, wenn für Verletzungen in der Vergangenheit – unter dem EEG 2012 – nachträglich und an den Vorgaben des Art. 108 AEUV und diesen auslegender Rechtsprechung vorbei Befreiungen für unionsrechtswidrige Konstruktionen geschaffen werden sollen.

Literaturverzeichnis

Altrock, Martin / Oschmann, Volker / Theobald, Christian (Hrsg.), EEG, Erneuerbare-Energien-Gesetz - Kommentar, 4. Aufl., München 2013.

Bartosch, Andreas, EU-Beihilfenrecht, Art. 86-89 EGV, De-minimis-Verordnung, allgemeine Gruppenfreistellungsverordnung sowie Verfahrensordnung, München 2009.

Behrens, Peter, Die Wirtschaftsverfassung der Europäischen Gemeinschaft, in: Brüggemeier (Hrsg.), Verfassungen für ein ziviles Europa, Baden-Baden 1994, S. 73–90.

Berrisch, Georg M., Mehr Fragen als Antworten – Keine Klärung der „Bindungswirkung" von beihilferechtlichen Eröffnungsentscheidungen der Kommission, EuZW 2014, S. 253–257.

Bickenbach, Christian, Die Finanzierung der "Energiewende" in der Zwickmühle aus Finanzverfassung und Art.107, 108 AEUV, DÖV 2014, S. 953–961.

Birnstiel, Alexander / Bungenberg, Marc / Heinrich, Helge (Hrsg.), Europäisches Beihilfenrecht, Baden-Baden 2013 (zit.: *Bearbeiter,* in: Birnstiel/Bungenberg/Heinrich).

Bloch, Julia, Beihilferechtliche Aspekte der Befreiung von Netzentgelten nach § 19 Abs. 2 Satz 2 StromNEV, RdE 2012, S. 241–248.

Dies., Die Befreiung von der EEG-Umlage als staatliche Beihilfe - Vereinbarkeit mit dem Gemeinsamen Markt, RdE 2014, S. 14–21.

Böhme, Markus / Schellberg, Margret, Privilegierung der energieintensiven Industrie und nicht umlagepflichtige Eigenerzeugung vor dem Aus?, Vorgaben für die Gestaltung des EEG 2014, EnWZ 2014, S. 147–152.

Brüggemeier, Gert (Hrsg.), Verfassungen für ein ziviles Europa, Baden-Baden 1994.

Bungenberg, Marc / Motzkus, Matthias, Die Praxis des Subventions- und Beihilfenrechts in Deutschland, WiVerw 2013, S. 73–148.

Burgi, Martin / Wolff, Daniel, Der Beihilfebegriff als fortbestehende Grenze der EU-Umweltpolitik durch Exekutivhandeln, EuZW 2014, S. 647–653. *Calliess, Christian / Ruffert, Matthias* (Hrsg.), EUV/AEUV, Das Verfassungsrecht der Europäischen Union mit europäischer Grundrechtecharta - Kommentar, 4. Aufl., München 2011 (zit.: *Bearbeiter,* in: Calliess/Ruffert, EUV/AEUV).

Ernst, Lukas / Koenig, Christian, Befreiung stromintensiver Netznutzer gem. § 19 II 2 StromNEV, Die Umlagenfilzregulierung und das Recht, EnZW 2012, S. 51–56.

Frenz, Walter / Müggenborg, Hans-Jürgen (Hrsg.), EEG, Erneuerbare-Energien-Gesetz, Kommentar, 3. Aufl., Berlin 2012 (zit.: *Bearbeiter,* in: Frenz/Müggenborg).

Frenz, Walter / Wimmers, Kristina, Erneuerbare Energien-Förderungsmodelle und Beihilfenproblematik, WiVerw 2014, S. 30–48.

Gabler, Andreas / Metzenthin, Andreas (Hrsg.), EEG, Der Praxiskommentar, Frankfurt am Main 2011.

Gent, Kai / Hädrich, Yvonne / Herbort, Erika, Strompreisentlastungen für Unternehmen in der beihilferechtlichen Bewertung, Hannover 2013.

Gerstner, Stephan (Hrsg.), Grundzüge des Rechts der Erneuerbaren Energien, Eine praxisorientierte Darstellung für die neue Rechtslage zu den privilegierten Energieträgern einschliesslich der Kraft-Wärme-Kopplung, Berlin 2013 (zit.: *Bearbeiter*, in: Gerstner, Recht der Erneuerbaren Energien).

Grabitz, Eberhard / Hilf, Meinhard / Nettesheim, Martin (Hrsg.), Das Recht der Europäischen Union, EUV/AEUV, 53. EL, München 2014 (zit.: *Bearbeiter*, in: Grabitz/Hilf/Nettesheim).

Graf v. Kielmansegg, Sebastian, Erneuerbare Energien und europäisches Beihilferecht: Zum Beihilfecharakter der EEG-Umlage, WiVerw 2014, S. 103–111.

Greinacher, Dominik, Besondere Ausgleichsregelung als Beihilfe?, ER 2013, S. 97–101.

Große, Andreas / Kachel, Markus, Die Besondere Ausgleichsregelung im EEG 2014, NVwZ 2014, S. 1122–1128.

Hatje, Armin (Hrsg.), Das Binnenmarktrecht als Daueraufgabe, EuR Beiheft 1/2002, Baden-Baden 2002.

Ders. / Terhechte, Jörg Philipp (Hrsg.), Das Binnenmarktziel in der europäischen Verfassung, EuR Beiheft 3/2004, Baden-Baden 2004.

Hatje, Armin, Wirtschaftsverfassung im Binnenmarkt, in: von Bogdandy/Bast (Hrsg.), Europäisches Verfassungsrecht, Berlin 2009, S. 801–854.

Ismer, Roland / Karch, Alexandra, Das EEG im Konflikt mit dem Unionsrecht: Die Begünstigung der stromintensiven Industrie als unzulässige Beihilfe, ZUR 2013, S. 526–535.

Kirchhof, Paul / Lehner, Moris / Raupach, Arndt / Rodi, Michael (Hrsg.), Staaten und Steuern - Festschrift für Klaus Vogel zum 70. Geburtstag. (zit.: *Bearbeiter*, in: FS Vogel).

Koenig, Christian, Bindung nationaler Gerichte an Kommissionsbeschlüsse zur Eröffnung des förmlichen Beihilfenprüfverfahrens - nur ein böser Albtraum über prozessuale Rechtsverkürzungen mit schmerzhaften Rückstellungsfolgen!, EWS 2014, Heft 1, "die erste Seite",

Ludwigs, Markus, Die EEG-Umlage und EU-Beihilferecht, Die Besondere Ausgleichsregelung auf dem Prüfstand der EU-Kommission, REE 2014, S. 65–76.

Ders., Die Förderung erneuerbarer Energien im doppelten Zangengriff des Unionsrechts, EuZW 2014, S. 201–203.

Macht, Franziska / Nebel, Julian Asmus, Das Eigenverbrauchsprivileg des EEG 2014 im Kontext des EU-Beihilfeverfahrens und der Umwelt- und Energiebeihilfeleitlinien 2014-2020, NVwZ 2014, S. 765–770.

Müller-Graff, Peter-Christian, Die Verdichtung des Binnenmarktes zwischen Handlungsfreiheiten und Sozialgestaltung, in: Hatje (Hrsg.), Das Binnenmarktrecht als Daueraufgabe, EuR Beiheft 1/2002, Baden-Baden 2002, S. 7.

Nowak, Carsten, Das Verhältnis des Wettbewerbsrechts und der Grundfreiheiten im Binnenmarkt, in: Hatje/Terhechte (Hrsg.), Das Binnenmarktziel in der europäischen Verfassung, EuR Beiheft 3/2004, Baden-Baden 2004, S. 77–106.

Palme, Christoph, EEG und EU-Beihilfeaufsicht, Die Wirkungen des Eröffnungsbeschlusses der EU-Kommission, NVwZ 2014, S. 559–562.

Pomana, Andrea, Förderung Erneuerbarer Energien in Deutschland und im Vereinigten Königreich im Lichte des Europäischen Wirtschaftsrechts, Baden-Baden 2011.

Reshöft, Jan / Schäfermeier, Andreas (Hrsg.), EEG - Erneuerbare-Energien-Gesetz, 4. Aufl., Baden-Baden 2014 (zit.: *Bearbeiter*, in: Reshöft/Schäfermeier).

Reuter, Alexander, Unterfällt die Besondere Ausgleichsregelung nach EEG den Beihilferegelungen nach Art. 107 AEUV?, RdE 2014, S. 160–169.

Säcker, Franz Jürgen / Schmitz, Juliane, Die Staatlichkeit der Mittel im Beihilfenrecht, NZKart 2014, S. 202–206.

Salje, Peter, EEG 2012, Gesetz für den Vorrang Erneuerbarer Energien, 6. Aufl., Köln 2012.

Schlacke, Sabine / Kröger, James, Die Privilegierung stromintensiver Unternehmen im EEG, Eine unionsrechtliche Bewertung der besonderen Ausgleichsregelung (§§ 40 ff. EEG), NVwZ 2013, S. 313–319.

Schmidt, Reiner, Öffentliches Wirtschaftsrecht in einer offenen Staatlichkeit, in: Kirchhof/Lehner/Raupach/Rodi (Hrsg.), Staaten und Steuern - Festschrift für Klaus Vogel zum 70. Geburtstag, S. 21–45.

Schulte-Beckhausen, Sabine / Schneider, Carmen / Kirch, Thorsten, Unionsrechtliche Aspekte eines »EEG 2.0«, RdE 2014, S. 101–107.

Soltész, Ulrich, Wann ist eine Beihilfe "staatlich"? - Das Kriterium der "Zurechenbarkeit" nach Stardust, ZWeR 2010, S. 198–209.

Ders., Bindungswirkung der Eröffnung beihilferechtlicher Prüfverfahren, NJW 2013, S. 3771–3774.

Stetter, Sebastian, Maastricht, Amsterdam und Nice: The Environmental Lobby and Greening the Treaties, European Environmental Law Review 2001, S. 150–159.

Vach, Jonas, Beihilferecht: Neue Leitlinien für staatliche Umweltschutz- und Energiebeihilfen für 2014–2020, EuZW 2014, S. 404–405.

von Bogdandy, Armin / Bast, Jürgen (Hrsg.), Europäisches Verfassungsrecht, Berlin 2009.

von Danwitz, Thomas, Der Grundsatz der Verhältnismäßigkeit im Gemeinschaftsrecht, EWS 2003, S. 393–402.

Autorenverzeichnis

Prof. Dr. Marc Bungenberg, LL.M. (Lausanne)	Inhaber des Lehrstuhls für Öffentliches Recht (Staats- und Verwaltungsrecht), Europarecht, Völkerrecht und Internationales Wirtschaftsrecht Universität Siegen
Dr. Kay Dahlke	Geschäftsführer Thüga Erneuerbare Energien Hamburg
Prof. Dr. Ulrich Ehricke, LL.M. (London), M.A.	Direktor des Instituts für Energierecht an der Universität zu Köln
Prof. Dr. Sebastian Graf von Kielmansegg	Inhaber des Lehrstuhls für Öffentliches Recht und Direktor des Instituts für Öffentliches Wirtschaftsrecht Christian-Albrechts-Universität zu Kiel
Motzkus, Matthias	Wissenschaftliche Hilfskraft an der Professur für Öffentliches Wirtschaftsrecht, Technik- und Umweltrecht; ehemaliger wissenschaftlicher Mitarbeiter am Lehrstuhl von Prof. Dr. Bungenberg Universität Siegen
Fabian Schmitz-Grethlein	Bereichsleiter Energieerzeugung Verband kommunaler Unternehmen Berlin
Hanna Schumacher	Bundesministerium für Wirtschaft und Energie Berlin
Dr. André Turiaux	Rechtsanwalt, Partner HEUSSEN Rechtsanwaltsgesellschaft München